跨海大桥
安全运营与管理

SAFE OPERATION
AND MANAGEMENT OF
CROSS-SEA BRIDGE

刘小玲　郑彭军　著

ZHEJIANG UNIVERSITY PRESS
浙江大学出版社
·杭州·

图书在版编目(CIP)数据

跨海大桥安全运营与管理 / 刘小玲,郑彭军著 . --
杭州 : 浙江大学出版社,2023.3
ISBN 978-7-308-23307-1

Ⅰ.①跨… Ⅱ.①刘… ②郑… Ⅲ.①跨海峡桥—
运营②跨海峡桥—维修 Ⅳ.①U448.19

中国版本图书馆 CIP 数据核字(2022)第 226125 号

跨海大桥安全运营与管理

刘小玲　郑彭军 著

责任编辑	赵　静	
责任校对	胡　畔	
封面设计	林智广告	
出版发行	浙江大学出版社	
	(杭州市天目山路 148 号　　邮政编码　310007)	
	(网址:http://www.zjupress.com)	
排　版	杭州林智广告有限公司	
印　刷	杭州钱江彩色印务有限公司	
开　本	710mm×1000mm　1/16	
印　张	7.25	
字　数	120 千	
版 印 次	2023 年 3 月第 1 版　2023 年 3 月第 1 次印刷	
书　号	ISBN 978-7-308-23307-1	
定　价	58.00 元	

序　言

PREFACE

跨海大桥是指在海上建造的桥梁工程，是桥梁体系的重要组成部分，同时也是国家间、区域间经济发展的重要纽带。跨海桥梁的建设将为所在区域的经济发展带来历史性的机遇，特别是最近几年我国杭州湾、胶州湾、港珠澳等跨海桥梁的相继建成，对拉动国民经济、整合社会资源、促进地方文化交流发挥了极其重要的作用。

大桥作为百年工程，如人的一生，除建设以外，养护运营显得更为重要。跨海大桥具有"距离长、规模大、技术高"的特点，由于大桥深入海洋环境，自然条件复杂恶劣，因此，对跨海桥梁服役性能演化过程的准确感知与管理是我国交通发展面临的挑战和重大需求，也是促进交通强国建成的必然要求。

本书是作者近些年在跨海大桥运营管理方面研究成果的凝练，分为七章，主要介绍国内外跨海大桥概况、跨海大桥的风险与管理、跨海大桥检测和监测数据处理、跨海大桥状态评估理论、荷载和环境共同作用下跨海大桥性能退化、特殊车辆荷载下跨海大桥引桥抗倾覆分析、跨海大桥预防性养护等内容。

本书出版得到了高等学校学科创新引智计划（111计划）"跨海大桥安全保障与智能运行学科创新引智基地"项目（D21013）的资助，在此表示感谢！本书写作过程中参考了大量国内外有关的著作及文献资料，谨在此向作者表示诚挚的谢意。文稿的编辑还得到了汪炳老师和几位研究生（伊西艳、单江北、裴伦友、徐怡驰、王凯）的帮助，再次感谢！

由于作者水平有限，本书在内容深度和广度上也许不能满足读者的需求，难免存在谬误之处，敬请读者斧正。

作者

2022年5月

目　录

CONTENTS

第一章

国内外跨海大桥概况

跨海大桥缩短了城市间的距离，节省了交通时间，对社会建设和经济发展起到至关重要的作用。跨海大桥短则几千米，长则几十千米，规模、形式也复杂多样，每一座跨海大桥的建成都是一个伟大的世纪工程。

第一节　国内外跨海大桥工程概况

一、国内跨海大桥工程概况

21世纪20年代，我国在跨海大桥建设方面已经取得了举世瞩目的成就，杭州湾跨海大桥、港珠澳大桥等先后建成。从长度来看，位列国内前五名的跨海大桥的简要信息如表1-1所示。

表1-1　国内著名跨海大桥

桥名	建成时间	所属地区	全长/千米	总投资额/亿元	组成部分
港珠澳大桥	2018年10月	香港、澳门、广东省珠海市	55	1269	斜拉桥、海底隧道、人工岛、连续梁式桥、陆路联络线等
舟山跨海大桥	2009年12月	浙江省舟山市、宁波市	48	130	悬索桥、斜拉桥、隧道、引桥等
胶州湾大桥	2011年6月	山东省青岛市、胶州市	42.23	90	斜拉桥、悬索桥、互通线路、引桥等
杭州湾跨海大桥	2008年5月	浙江省嘉兴市、宁波市	36	118	斜拉桥、海上平台、立交匝道、引桥等
东海大桥	2005年12月	上海市浦东新区、浙江省舟山市	32.5	71.1	斜拉桥、预应力混凝土连续梁桥、隧道、引桥等

下面分别介绍这几座跨海大桥的工程概况。

1.港珠澳大桥

港珠澳大桥是一座连接香港、珠海和澳门，跨越伶仃洋的超大型桥梁。全长55千米，隧道两端专门填筑东、西两个人工岛，其中主桥22.9千米、香港口岸至珠澳口岸41.6千米；桥面为双向六车道高速公路，设计速度100千米/时；工程项目总投资额1269亿元。大桥于2009年12月15日动工建设；2017年7月7日实现主体工程全线贯通；2018年2月6日完成主体工程验收；同年10月24日上午9时开通运营。（如图1-1所示）

图1-1　港珠澳大桥

港珠澳大桥分别由三座通航桥、一条海底隧道、两个人工岛及连接桥隧、深浅水区非通航孔连续梁式桥和港珠澳三地陆路联络线组成。其中，三座通航桥从东向西依次为青州航道桥、江海直达船航道桥及九洲航道桥；海底隧道位于香港大屿山岛与青州航道桥之间，通过东西人工岛连接其他桥段；深浅水区非通航孔连续梁式桥分别位于近香港水域与近珠海水域之中；三地口岸及其人工岛位于两端引桥附近，通过连接线接驳周边主要公路。通航桥隧满足近期10万吨、远期30万吨油轮通行；大桥设计使用寿命120年，可抵御8级地震、16级台风、30万吨撞击及珠江口300年一遇的洪潮。

港珠澳大桥是粤港澳三地团结统一、互通互联、集中统一、步调一致的标志性建筑，丰富和发展了"一国两制"方针的理论和实践。粤港澳三地首次实现陆路连接，为粤港澳大湾区的发展打造了更坚实的基础。港珠澳大桥的建设创下多项世界之最，2020年荣获第37届国际桥梁大会"超级工程奖"及国际桥梁工程界公认的最高奖项——"2020年度杰出结构工程奖"。这是一座圆梦桥、同心桥、自信桥、复兴桥。大桥建成通车，进一步坚定了我们对中国特色社会主义的道路自信、理论自信、制度自信、文化自信。

2. 舟山跨海大桥

舟山跨海大桥（又名舟山大陆连岛工程）是国家高速公路网甬舟高速公路（G9211）的主要组成部分。舟山跨海大桥起自舟山本岛的329国道鸭蛋山的环岛公路，经舟山群岛中的里钓岛、富翅岛、册子岛、金塘岛至宁波镇海区，与宁波绕城高速公路和杭州湾大桥相连接。舟山大陆连岛工程跨4座岛屿，翻9个涵洞，穿2个隧道，投资130亿元。2009年12月25日大桥正式通车。整个连岛工程由金塘、西堠门、桃夭门、响礁门和岑港五座跨海大桥及接线公路组成，全长48千米，按高速公路标准设计，双向四车道，设计行车速度为100千米/时，路基宽度22.5米。其中，西堠门大桥是世界上仅次于日本明石海峡大桥的大跨度悬索桥。（如图1-2所示）

图1-2 舟山跨海大桥

舟山跨海大桥是舟山市规模最大、最具社会影响力的交通基础设施项目，是世界规模最大的岛陆联络工程。规模浩大、地理位置特殊的舟山跨海大桥在建设中"逼"出了近百项技术创新成果，这些成果为大桥的顺利建设提供了强有力的技术支撑，也使大桥的建设创造了诸多世界第一。

3.胶州湾大桥

胶州湾大桥是我国山东省青岛市境内黄岛区、城阳区、李沧区及胶州市的跨海通道,线路全长42.23千米,桥梁全长31.63千米;桥面为双向六车道高速公路,设计速度80千米/时,是山东省省级高速公路网的重要组成部分,也是青岛市区西北部城市主干道的主要构成部分。工程项目总投资额90多亿元;于2006年12月26日动工兴建;2010年12月22日完成主桥合龙工程,全桥贯通;2011年6月30日通车运营;2020年3月30日开通胶州连接段。(如图1-3所示)

图1-3 胶州湾大桥

胶州湾大桥主要由沧口航道主桥、红岛航道主桥、大沽河航道主桥、东西引桥、黄岛东枢纽立交桥、红岛互通立交桥及李村河互通立交匝道组成,总桥路段呈西南至东北方向布置。其中,沧口航道桥采用双塔平行稀索钢箱梁斜拉桥为(80+90+260+90+80)米桥跨布置,红岛航道桥采用主跨独塔平行稀索钢箱梁斜拉桥为(120+120)米跨径布置,大沽河航道桥采用独塔独柱自锚式钢箱梁悬索桥为(808+260+190+80)米跨径布置。

作为山东半岛蓝色经济区及青岛市三城联动战略中的重要交通枢纽,胶州湾大桥的建设得到了各级政府和社会各界的高度重视,该桥的通车进一步完善了青岛市东西跨海交通网络,扩大了青岛市城市框架。胶州湾大桥结构新颖、造型独特、美观大气,三座航道桥与蜿蜒的非通航孔桥、海上互通立交等共同谱写了一部气势磅礴的桥梁组曲,既与青岛市的城市及建筑风格相呼应,又富有现代的气息,是世界上屈指可数的现代化桥梁集群工程。该桥建成后，成为青岛市的又一标志性建筑，为中国桥梁史再添辉煌的一页。

4.杭州湾跨海大桥

杭州湾跨海大桥是我国浙江省境内连接嘉兴市和宁波市的跨海大桥，北起嘉兴市海盐枢纽，横跨杭州湾海域，南至宁波市庵东枢纽立交；线路全长36千米，桥梁总长35.7千米，桥面为双向六车道高速公路，设计速度100千米/时。杭州湾跨海大桥于2003年6月8日奠基建设；2007年6月26日完成合龙工程，全线贯通；2008年5月1日通车运营。（如图1-4所示）

图1-4 杭州湾跨海大桥

杭州湾跨海大桥分别由海中平台、南北航道孔桥、水中区引桥、滩涂区引桥、陆地区引桥，各座桥塔及各立交匝道组成，全桥路段呈西北至东南方向布置。北航道桥采用钻石形双塔双索面钢箱梁斜拉桥、半漂浮体系、五跨连续结构。南航道桥采用A形独塔双索面钢箱梁斜拉桥、三跨连续结构。海中平台"海天一洲"外观整体造型为"大鹏擎珠"，寓意杭州湾地区的发展能如大鹏展翅，越飞越高。海中平台总面积为1.2万平方米，分观光平台和观光塔两部分，其中平台共6层，观光塔共16层，建筑高度为145.6米。观光平台提供餐饮、住宿、休闲、娱乐、观光、购物等综合性特色服务；观光塔可让旅客站在制高点俯视大桥的气势恢宏和杭州湾的波澜壮阔。

通航孔桥的设计主题为"金三角"，杭州湾跨海大桥的建成，使沪、杭、甬三地成为长江三角洲的经济中心，而杭州湾跨海大桥本身也成为杭州湾三角洲网络的"金边"，形成具有本土特色的"金三角"文化区。南北通航孔桥的组合方式较理想地结合了"金三角"的文化涵义，实现了桥形与桥位区地理环境相协调、与当地历史文化相吻合，并满足了工程经济技术指标的具体要求。

杭州湾跨海大桥建成后，节约了运输时间，降低了交通运输成本，减少了交通事故，提高了交通运输效率，从而形成了杭州湾跨海大桥的通道效益；同时，该桥改变了周边区域的交通网络布局，促进了区域交通运输一体化，完善了周边区域的物流网络，对公路、港口、航空、铁路等都带来不同程度的影响。

5. 东海大桥

东海大桥是我国境内一座连接上海市浦东新区南汇新城镇与浙江省舟山市嵊泗县洋山镇的跨海通道，位于浙江省杭州湾洋山深水港海域内，为沪芦高速公路南端疏港支线的组成部分，也是洋山深水港的重点配套工程之一。项目总投资额71.1亿元；东海大桥始建于2002年6月26日；2005年5月25日全线贯通；2005年12月10日正式通车运营。（如图1-5所示）

图1-5　东海大桥

东海大桥是一座集多座桥隧为一体的群体工程，全桥大致呈北偏西至南偏东方向布置，从北向南依次由陆地段（北引桥）、跨海段（主桥）和港桥连接段（南引桥）三大部分组成。其中，主桥包括一座主航道桥、三座辅航道桥及多个非通航孔桥；港桥连接段包括颗珠山大桥和小洋山隧道两个主要部分，以及东、西引桥。

东海大桥历时40个月优质高效建成，经验收考核，综合指标达到优良级。与国际同类工程相比，大桥工期缩短一半，投资节约60%，并形成完整的一体化设计施工理念，开创了中国外海超长桥梁建设理论和实践先河，取得显著的经济和社会效益，有力推动了中国桥梁建设领域的科技进步，对经济建设和社会发展具有重大战略意义。东海大桥主航道桥作为中国第一座在外海建造的大跨度斜拉桥，其设计和工程实践丰富了斜拉桥结构形式，为今后斜拉桥设计提供了新思路。

二、国外跨海大桥工程概况

从长度来看，位列国外前五名的跨海大桥的简要信息如表1-2所示。

表1-2 国外著名跨海大桥

桥名	建成时间	位置	全长/千米	总投资额/亿美元	组成部分
日本濑户大桥	1988年4月	日本四国岛、本州岛	37.3	84.6	悬索桥、斜拉桥、桁架桥等
美国切萨皮克湾大桥	1964年4月	美国马里兰州、弗吉尼亚州	37	11.5	悬索桥、隧道、人工岛、混凝土梁等
法赫德国王大桥	1986年11月	巴林岛贾斯拉、沙特阿拉伯阿济兹	25	12	人工岛、公路桥等
丹麦大贝尔特桥	1998年8月	丹麦西兰岛、菲英岛	17.5	48	悬索桥、海底隧道、箱梁桥、人工岛等
厄勒海峡大桥	2000年5月	丹麦哥本哈根、瑞典马尔默	16	41	海底隧道、人工岛、斜拉桥等

下面分别介绍这几座跨海大桥的工程概况。

1.日本濑户大桥

濑户大桥是日本一座位于本州岛和四国岛之间、跨越濑户内海的桥梁，是本州、四国连络桥路网的三条路线之一。项目总耗资约84.6亿美元；1978年10月10日开工，1988年4月10日全面通车。（如图1-6所示）

图1-6　日本濑户大桥

濑户大桥是世界最长的铁路、公路两用桥系，上层为四车道的高速公路，下层为四国濑户大桥线。银色的濑户大桥全长37.3千米，海面部分13.1千米，由三座悬索桥、两座斜拉桥和一座桁架桥组成。为了不影响船只航行和景观，桥墩基本上建在海中的5个小岛上。

大桥的建成不仅方便了两岸交通，也为濑户水域增添了一处人造景观。当然，人们坐车飞速通过大桥，并不能了解大桥的全貌，为此，日本在四国的香川县建立了濑户大桥纪念馆，通过展出的照片、图表、模型和实物，帮助人们认识这座"世界第一桥"的真面目。在这纪念馆开辟的中国展厅里，还展出了香川县人士与中国人民友好交往的图片和实物。

2.美国切萨皮克湾大桥

美国切萨皮克湾大桥（Chesapeake Bay Bridge-Tunnel，CBBT）位于马里兰州和弗吉尼亚州之间，是一座双向越洋大桥，从诺福克到特拉华半岛，包含20.11千米的混凝土低位高架桥、两条长度分别为1.6千米的海底隧道、两座高位钢结构桥、四个长度为457米的人工岛、3.2千米的堤道和8.85千米的引桥，全长37千米，被称为"现代世界七大奇迹之一"。1964年4月15日大桥建成通车，为双向两车道。规划、设计、通行权和施工费用为2亿美元。后来，为了满足未来的交通需求并提供更安全的交叉口，于1995年平行扩建了一座相似的桥，并于1999年4月19日开放四车道交通。经过两次扩建后，切萨皮克海湾大桥＋浅滩隧道＋栈桥总造价达到11.5亿美元。（如图1-7所示）

图1-7 美国切萨皮克湾大桥

切萨皮克湾大桥实现了弗吉尼亚州东南部所属弗吉尼亚海滩与由特拉华州、马里兰州和弗吉尼亚州东部各县组成的德尔马瓦半岛直接连接,缩短车程153千米,相当于减少行车时间大约1.5小时。该桥被选为"现代世界七大工程奇迹之一"。此外,1965年,它获得美国土木工程师学会"杰出土木工程成就奖"。

这座桥又被大家称为"世界最恐怖的大桥",由于旧桥上没有路肩,且护栏较矮,几乎起不到什么保护作用,这使很多司机刚到桥头时就会感觉心惊胆战,甚至根本无法以正常的速度通过大桥。为此,这里有专业的代驾公司可以为过路车辆提供代驾服务。

3.法赫德国王大桥

法赫德国王大桥是连接巴林和沙特阿拉伯的跨海公路大桥,位于波斯湾中的巴林湾,大桥的命名是为纪念沙特阿拉伯的国王法赫德。整个工程耗资达12亿美元,大桥于1981年开工,历时4年多,于1986年11月25日建成通车。(如图1-8所示)

图 1-8　法赫德国王大桥

大桥自巴林岛西部的贾斯拉起至沙特阿拉伯的阿济兹，全长25千米，其中填海造堤部分10千米，架桥部分15千米，五座桥梁相连而成，中间的3号桥位于主航道上，留一个高28米、跨度为150米的巨大船孔，供船舶通过。桥面有4条车道，两侧有人行道，每日可通行车辆3万辆，设计速度100千米/时。

巴林和沙特隔海相望，过去两国国民来往除坐飞机外便是乘渡轮，约费时2个小时。两国人民早就期盼在巴林海上架起一座跨海大桥。1986年，这个梦想终于实现。如今，两国人民乘坐或驾驶汽车通过法赫德国王大桥只需20分钟就可到达彼岸。大桥的建成大大方便了巴林和沙特两国各方面交流，同时也加强了两国与海湾各国乃至整个阿拉伯世界的经贸融合。

4.丹麦大贝尔特桥

丹麦大贝尔特桥横跨大贝尔特海峡，连接丹麦首都哥本哈根所在的西兰岛和第三大城市欧登塞所在的菲英岛，全长17.5千米。1987年6月10日，丹麦国会通过建造大贝尔特桥议案并开工兴建，1997年6月铁路通车，1998年8月公路桥启用，整个工程全部竣工。工程耗资约为48亿美元。（如图1-9所示）

图1-9　丹麦大贝尔特桥

大贝尔特桥由三部分组成，从西兰岛到斯普奥岛之间为悬索桥（东桥）和海底隧道，从斯普奥岛到菲英岛为箱梁桥（西桥）。大桥是一座两车道铁路和四车道高速公路结合在一起的大桥，这项工程被分成三个部分，即公路专用的东桥、铁路专用的东海底隧道及铁路公路两用的西桥。东桥为双塔结构悬索桥，全长6800米，主跨1624米，桥面最高处距海平面65米，对大海峡的航运无任何影响；海底隧道为铁路专用隧道，全长7410米，由两条相互平行、间隔距离为16米、直径为7.7米的主隧道组成；西桥是一座箱梁桥，长度为6611米，桥面宽度为25米，有62个桥墩。

大贝尔特桥大大缩短了丹麦旅行东西两岛的交通时间。从国际角度来看，大贝尔特桥和厄勒海峡大桥一起连接了西部的欧洲大陆和北部的斯堪的纳维亚，将整个欧盟地区连接起来。大桥对货运的意义更为重大，通过这两座大桥，瑞典和德国之间的货运畅通无阻，甚至可以从瑞典一直运送到英国。

5. 厄勒海峡大桥

厄勒海峡大桥是一架国际跨海大桥，连接丹麦的首都哥本哈根和瑞典的工业重镇马尔默，这一海上走廊的建成将欧洲大陆的中部和北欧的斯堪的纳维亚半岛连成一体，从而把整个欧洲连接起来。大桥工程经过丹麦、瑞典两国政府的认真论证和调查研究，对确保大桥不影响进入波罗的海的水流及减少对海洋生物破坏等都做了严格的规定。该桥于1995年动工，2000年7月1日正式通车。工程总耗资约为41亿美元。（如图1-10所示）

图 1-10　厄勒海峡大桥

大桥全长16千米，由桥梁、人工岛上公路、海底隧道三部分组成，其中东侧跨海大桥全长7845米，上为四车道高速公路，下为对开铁路，共有51座桥墩，中间是斜拉桥，跨度490米；西侧海底隧道长4050米，宽38.8米，高8.6米，位于海底10米以下，由5条管道组成，分别是两条铁路、两条双车道公路和一条疏散通道，是世界上最宽敞的海底隧道；中间的人工岛长4055米，将两侧工程连在一起。

厄勒海峡大桥进一步加强了丹麦、瑞典两国和它们与欧洲大陆的联系。它所连接的丹麦东部地区和瑞典南部地区将成为北欧及波罗的海地区国际性都市群最密集、经济最活跃、文化交流最频繁的地区。另外，厄勒海峡大桥获得了国际桥梁与建筑工程协会颁发的"杰出建筑工程奖"，用以奖励它在工期、环保等方面的成就。

第二节　跨海大桥养护和监测系统概况

一、养护管理系统的发展进程

20世纪60年代，美国开始投入使用桥梁养护管理系统。起初桥梁管理系统仅是桥梁数据库管理系统，主要存储桥网内桥梁的基本资料、检测数据、维修和费用记录等，并提供查询、检索等基本服务，其功能和结构都较简单。20世纪80年代，一些发达国家陆续召开了关于桥梁维修管理的会议，他们开始将注意力转移到桥梁的养护、评估和加固等方面。继而桥梁养护管理系统的发展进入了第二阶段，即系统在桥梁数据库的基础上增加了桥梁技术状况评价，中、长期需求预测及费用分析，养护维修计划等功能，系统的结构也日趋复杂。国外较典型的桥梁养护管理系统有美国联邦公路管理局开发的PONTIS系统、美国联邦公路研究合作组开发的BRIDGIT系统、丹麦公路桥梁管理系统、日本道路公用桥梁管理系统、韩国的SHBMS系统、法国的SCANPRINT系统、英国的NATS系统等。

我国桥梁管理系统的研究起步较晚，始于20世纪80年代中后期。在吸收国外开发经验的基础上，结合各省（区市）的桥梁发展情况，我国自行开发的桥梁养护管理系统有四川省桥梁养护数据库系统、广东省桥梁管理系统、交通部公路研究所研制的公路桥梁管理系统（CBMS）、台湾地区公路局桥梁管理系统等。其中较为典型的是交通部的CBMS2000系统。该系统主要针对中小桥梁进行管理，包括数据管理、统计查询、评价决策、费用模型、维修计划和GIS应用六个子系统，具有较综合的信息采集、评估、费用计算及决策功能。

在大跨度桥梁养护管理系统方面，一些大桥管理公司针对各自的特点开发了相应的养护管理系统，重视检查的规范性和智能决策功能，整体功能趋于完善。

2000年，海沧大桥养护管理系统建成，其中管养任务包括桥梁结构、附属设施、交通操作三大部分，建立了一整套完备的桥梁养护管理制度。

2007年，江苏苏通大桥有限责任公司和交通部公路科学研究院共同研发了苏通大桥养护管理系统，该系统由系统管理、计划管理、巡查检查管理、病害跟踪管理、历史分析、工程管理、绿化管理、养护月报管理、养护文件管理和养护设备管理这十个子系统组成，实现了对苏通大桥的静态、动态数据管理，病害检查、跟踪和维护的闭合管理，规范了苏通大桥的养护管理工作。

2010年，宁波市公路管理局与北京公科桥梁技术有限公司合作研发了一套针对杭州湾跨海大桥的养护管理系统，结合《杭州湾大桥养护手册》、斜拉桥和连续桥梁的养护特点，可分析重点检查内容和养护工程任务，并应用电子手簿规范杭州湾大桥的日常检查、经常性检查、定期检查、特殊检查等养护活动；功能模块主要有数据管理及统计分析、桥梁检查、构造物病害汇总、统计分析及养护计划制订等。

2013年建成的厦漳大桥管理系统由移动终端、Web端和云服务器等三个部分组成。厦漳大桥养护部门进行的日常检查养护和合作单位进行的专项养护工作，均通过移动终端进入相应的功能模块，对桥梁进行全面专业的养护记录。管理单位通过Web端查看养护工作结果，掌握桥梁现有工作状态。这是一个全新的工作模式——分布式协同工作，集中式分析决策。

2017年，东南大学黄侨课题组开发了南京长江三桥智能化养护管理系统，系统包括八个功能模块：信息管理、检查与检测、健康监测、评估、维修计划、车辆荷载、统计报表和查询帮助。该系统实现了钢结构斜拉桥检查资料归档的规范化和电子化，同时融合了人工检查、健康监测、车辆荷载、有限元模型等多源信息。

总的来说，桥梁管理系统的发展经历了最初只是用简单的电子数据库来代替繁杂的桥梁管理资料，随后完善的管理系统中除桥梁数据库外，还包括桥梁检测、养护及维修信息，涵盖各桥梁构件的检测细节、详细的等级划分及维修历史等功能，再到目前较为先进地增添了维护决策功能，即制定维护策略、进行维护优化等功能的管理系统。

二、健康监测系统的发展进程

为了对桥梁结构实施持续、实时的监测、监控和智能化评估，20世纪60年代，国外首先出现了桥梁健康监测系统。但受当时测试技术限制，尚不能对桥梁实施持续监测。直到80年代中后期，随着对桥梁安全性和耐久性认识的提高，以及新型的检测手段、监测技术及信息传输手段的不断涌现，使得结构健康监测技术有了长足的发展。自90年代以来，结构健康监测系统被许多国家安装在一些大型桥梁如斜拉桥、悬索桥和造型独特新颖的非传统性桥梁上。

我国在桥梁健康监测系统应用方面起步相对较晚，于20世纪90年代后期才开始投入使用。例如，1997年安装于香港青马大桥的健康监测系统，涵盖加速度传感器、应变计、位移计、风速计、温度计等传感装置总计超过350个，并配备了数据采集和处理系统，用于长期监测桥梁服役期间结构状态的完整性、耐久性和安全性。在这之后，国内大跨度桥梁健康监测取得了长足的发展。

结构健康监测系统通常包含传感器子系统、数据采集与传输子系统、数据处理与控制子系统、结构健康安全评估子系统四个方面。其中，传感器子系统完成应变、结构温度、索力、几何变形、支座反力、环境参数、动力特性等参数的参数采集工作。图1-11给出了某桥的监测界面示意图，图中显示了索力、温度、应力、变形等监测项目。

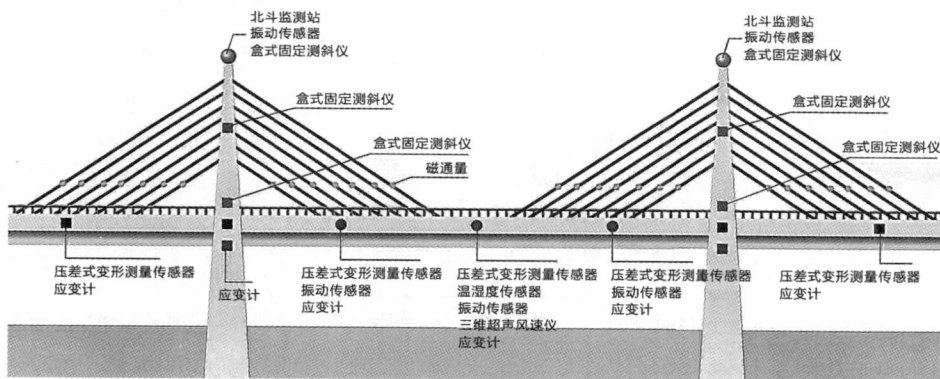

图1-11　监测项目示意图

表1-3至表1-6列出了国内外部分大跨斜拉桥和悬索桥的桥梁健康监测系统的相关信息。

表1-3　国内已安装健康监测系统的大跨斜拉桥一览表

桥名	主跨/m	传感器数量	安装年份	安装的传感器种类
苏通大桥	1088	788	2007	(1)(2)(3)(4)(5)(7)(8)(9)(10)(11)(12)(21)(22)
湛江海湾大桥	480	59	2006	(1)(2)(3)(5)(7)(10)(12)(16)(21)
南京长江三桥	648	600	2005	(1)(2)(3)(4)(5)(8)(11)(12)(15)(18)
润扬北汊桥	406	141	2005	(1)(2)(3)(4)
东海大桥	420	561	2005	(1)(2)(3)(4)(5)(7)(9)(17)(18)(19)(21)

续表

桥名	主跨/m	传感器数量	安装年份	安装的传感器种类
大佛寺长江大桥	450	124	2001	(2)(3)(4)(5)(11)(13)
徐浦大桥	590	76	1999	(2)(3)(4)(8)(13)
汲水门大桥	430	270	1998	(1)(2)(3)(4)(5)(7)(8)(13)(22)

注：(1)风速计；(2)温度传感器；(3)应变计；(4)加速度计；(5)位移传感器；(7)GPS定位仪；(8)称重传感器；(9)锈蚀传感器；(10)磁通量传感器；(11)光纤传感器；(12)倾斜仪；(13)水平测站；(15)全站仪；(16)测震仪；(17)疲劳强度计；(18)索力；(19)接缝强度计；(20)激光位移传感器；(21)气象站；(22)摄像机

表1-4　国外已安装健康监测系统的大跨斜拉桥一览表

桥名	主跨/m	桥址	安装的传感器种类
Tatara Bridge	890	日本	(4)(16)
Normandie Bridge	856	法国	(1)(2)(3)(4)(7)
Skarnsundet Bridge	530	挪威	(1)(2)(3)(4)(5)(12)(20)
Oresund Bridge	490	丹麦	(1)(2)(3)(4)(21)
Seohae Bridge	470	韩国	(1)(2)(3)(4)(12)(18)(19)(20)
RAMA IX Bridge	450	泰国	(1)(2)(3)(4)(5)(7)(11)(12)
Sunshine Skyway Bridge	366	美国	(2)(3)(5)(7)(9)
Pereria–Dos Quebradas Bridge	211	哥伦比亚	(1)(2)(3)(4)(5)(9)(12)(19)(21)

表1-5　国内已安装健康监测系统的大跨悬索桥一览表

桥名	主跨/m	传感器数量	安装年份	安装的传感器种类
马鞍山长江大桥左汊主桥	1080	343	2018	(1)(2)(3)(4)(5)(7)(12)(16)
涪陵青草背长江大桥	788	140	2013	(2)(3)(4)(5)(7)(12)(18)
南京夹江大桥	248	97	2010	(1)(2)(3)(4)(5)(12)
珠江黄埔大桥南汊主桥	1108	184	2008	(2)(7)(13)
坝陵河大桥	1088	347	2005	(1)(2)(3)(4)(5)(7)(10)(11)(12)(18)(22)
润扬大桥	1490	241	2005	(1)(2)(3)(4)(7)(10)
江阴长江大桥	1337	109	1999	(3)(4)(5)(18)

桥名	主跨/m	传感器数量	安装年份	安装的传感器种类
香港青马大桥	1337	256	1997	(1)(2)(3)(4)(5)(8)

表1-6 国外已安装健康监测系统的大跨悬索桥一览表

桥名	主跨/m	桥址	安装的传感器种类
Foyle Bridge	522	英国	(1)(2)(3)(16)
Great Belt East Bridge	1624	丹麦	(4)(5)(9)(12)(18)(21)
Youngjong Bridge	300	韩国	(1)(2)(3)(5)(21)
Akashi Kaikyo Bridge	1990	日本	(1)(2)(4)(5)(16)
南备赞濑户悬索桥	1100	日本	(1)(4)(5)
柜石岛悬索桥	420	日本	(1)(4)(5)

第三节 跨海大桥的运营管理模式

公路桥梁运营管理模式与其投资方式息息相关。目前，常采用的投资方式主要有以下三种：政府投资、社会融资（主要为BOT融资）、政府和社会共同投资。

一、政府投资项目的运营管理模式

政府投资的公路桥梁工程，一般是指政府财政性资金投资的建设工程。以往的政府投资公路桥梁运营管理模式主要包括表1-7所示的几种。

表1-7 政府投资桥梁运营管理模式分类及其特点

运营管理模式	特 点
事业单位模式	政府设立专门的事业单位,从事公路桥梁的运营管理。
法人公司模式	一些政府投资的公路桥梁建设项目,经政府设立企业法人,由其负责项目建设资金的融资和建设管理。在项目建成后,负责此项目的相关运营管理。
政府部门模式	政府投资的公路桥梁工程由政府部门负责组织建设和运营管理。这些部门的工作人员系公务员编制,其经费由财政全额拨款。

续表

运营管理模式	特　点
委托经营模式	一些地区也采用招投标的方式选择专业的运营管理公司来负责公路桥梁的运营管理。委托经营的范围可以是整体，也可以是部分。

政府投资委托经营模式，既可以保留政府投资的某些优势，也可以使政府从繁杂的生产活动中解脱出来。政府确定明确的目标后，将计划的实施交给一些专业化运营管理公司，这些公司有较大的自主权，责任也比较明确，成本效益透明度高。

其优点在于：可以不着眼于运营管理项目本身的利益，不计较投资是否可以获取收益，而是更为注重社会效益；可以不受私人资本的数量限制；必须通过严格的审批管理程序；项目潜在效用可以得到充分实现。它的缺点在于：桥梁运营管理具有很强的专业性，非专业部门管理效果不佳，不利于保证运营管理的质量；这种分散管理模式容易造成运营成本失控。

采用这种模式的关键在于处理好所有者与经营者的关系。但在运营中需要注意：经营者的自主权应该具有一定的限度，且要容易被收回，以防止所有者与社会公众利益被侵蚀。

例如，香港青马大桥是香港新机场十大核心工程之一，采用的是政府投资委托经营模式。为了管理好青马大桥，香港成立了青马管制区，把青马管制区的管理、营运和保养工作批予私营机构承办，并由香港特区政府的路政署监察组负责监督。

二、社会融资项目的运营管理模式

社会融资是经济实体融资的重要补充形式，弥补了单一银行融资渠道狭窄、资金量供不应求等方面的不足，有助于提升全社会投融资水平，提高资金利用效率，拉动经济快速增长。社会融资方式以 BOT（Build Operate Transfer）为主，其基本思路是：由项目所属机构或所在国政府为项目的经营和建设提供一种特许权协议作为项目融资的基础，由本国公司或外国公司作为项目的投资者和经营者安排融资，承担风险，开发建设项目并在一定的期限内经营项目，获得商业利润，最后根据协议将项目转让给相应的政府机构。

BOT 经营管理模式分为特许公司模式和委托经营模式。其中，特许公司模式是指由特许公司在完成施工任务后直接进行运营管理。委托经营模式是指由特许公司通过直接委托或公开招标的方式确定专业的经营管理公司进行经营管理。

BOT 的特点是：

（1）降低政府的财政负担。

（2）政府可以避免大量的项目风险。

（3）组织机构简单，政府部门和私人企业协调容易。

（4）项目回报率明确，严格按照中标价实施。政府和私人企业之间的利益纠纷少。

（5）有利于提高项目的运作效率。

（6）BOT 项目通常由外国的公司来承包，这样会给项目所在国带来先进的技术和管理经验，既给本国的承包商带来较多的发展机会，也会促进国际经济的融合。

例如，青岛海湾大桥项目实施采用特许经营方式。山东省高速公路集团有限公司（以下简称山东高速）是国有独资特大型企业。青岛海湾大桥项目由山东高速投资，与胶州湾高速公路捆绑经营。按照协议，海湾大桥中标企业可获 25 年特许经营期，拥有大桥的特许经营权。特许经营期满，项目公司将特许经营项目形成的资产和各类与特许经营项目有关的档案等按协议约定无偿移交政府。特许经营期内，项目公司按租赁方式取得胶州湾高速公路收费经营权，同时拥有大桥的广告经营权和旅游开发经营权，以及胶州湾高速公路的广告经营权。

三、政府和社会共同投资项目的运营管理模式

政府和社会共同投资项目的运营管理模式也称 PPP 模式（Public Private Partnership），该种模式使政府部门和民营企业充分发挥各自的优势，即政府部门的长远规划、社会责任、协调能力与民营企业的民营资金、创业精神和管理效率结合起来，这种经营管理模式的优点如下。

（1）避免费用超支。

在项目初期，政府部门与民营企业共同参与项目的立项、可行性研究、设施、融资等建设过程，保证了项目的技术经济可行性，缩短了项目前期工作周期，降低项目费用。

（2）有利于转换政府职能，减轻财政负担。

政府可以从繁重的事务中脱身，从过去的基础设施公共服务的提供者转变为保证质量的监管角色，还可以减少政府在财政预算方面的压力。

（3）促进了投资主体的多元化。

利用民营部门提供资产和服务，可以为政府部门提供更多的资金和技术，促进投融资体制的改革。同时，民营部门参与项目还可以促进项目设计、施工、设施管理流程等方面的创新，提高工作效率，传播先进的管理理念和经验。

（4）使项目参与各方整合组成战略联盟，对协调各方不同的利益目标起关键作用。

（5）风险分配合理。

例如，杭州湾跨海大桥采用的是政府和社会共同投资方式。根据杭州湾跨海大桥的独特位置、投资主体的多样化和复杂的运营环节，宁波和嘉兴市政府共同建立了杭州湾大桥管理局作为桥梁安全性和养护监管的主体，对大桥运营管理实施监督、协调、指导和服务。同时，杭州湾跨海大桥管理局研究制定了跨海大桥运营管理和发展规划，履行部分行政管理职能，协调高速交警大队、巡逻特警、消防中队、路政、嘉兴市海事局执法支队等监管单位，各司其职，确保大桥安全、平稳地运行。杭州湾跨海大桥发展有限公司作为杭州湾跨海大桥的运营管理主体，承担跨海大桥的投资、建设、运营、维护和管理工作。

第二章

跨海大桥的风险与管理

跨海大桥在运营过程中受外界和自身因素影响面临着各类风险，从大类来看，主要存在以下四类事件造成的风险，即自然灾害、事故灾难、公共卫生事件及社会安全事件。

第一节　自然灾害

自然灾害事故指因台风、雷电、暴雨（雪）、冰霜、大风（龙卷风）、重度雾（霾）、高温、地震等自然灾害造成大桥路面积水、积雪（冰）、桥梁隧道结构受损，造成交通中断、生命财产重大损失等。

2019年8月10日，台风"利奇马"对我国杭州湾跨海大桥造成较大影响，时至中午，最高风力已达8级，全桥限速60千米/时。在大桥往上海方向处，一辆大型货车"扭"成了麻花状，占据外侧两个车道。与此同时，相隔300米处，还有一辆大货车发生侧滑。

2019年1月14日，我国青岛胶州湾跨海大桥受天气影响道路结冰，在四流路和海尔路方向的道路上接连出现了十几起交通事故，车辆发生打滑、漂移撞上隔离墩和失控追尾，导致多人受伤，交通堵塞。

2013年9月5日，英国东南部肯特地区浓雾，在一座跨海大桥上发生严重车祸，在此事故中，有超过130辆汽车发生连环撞，相撞持续10分钟，导致200人在现场处理伤口，8人重伤，另有27人需要住院治疗。

1989年10月17日，美国旧金山发生大地震，震级达6.9级。地震后，奥克兰大桥随即出现了垮塌事故，长达15米的上层桁架路面倒塌并掉落在下层路面上，导致1人死亡。奥克兰大桥是美国旧金山重要的交通枢纽，每日通过的汽车数量以数十万计，发生垮塌后，美国政府立刻对其进行封闭维护。

第二节　事故灾难

事故灾难指因隧道、桥梁等发生设备系统故障、结构损伤、桥墩受撞击、运行维护事故、交通事故、火灾爆炸事故、危险物质泄漏事故、重大水电供应事故、信息化系统故障等，造成结构重大破坏、交通中断、生命财产重大损失和环境污染等。

2020年12月16日11时30分左右，我国杭州湾跨海大桥上一辆车突发大火，司机拿出车上的灭火器爬上货厢灭火。无奈火势太大，司机只好报警求助。接到报警，高速交警及消防人员立即赶到现场组织灭火。经过一个多小时的奋战，明火及高温点均被扑灭。但由于火势较大，车被烧成铁壳，损失超40万元，原因可能是货厢里被扔进了烟头。（如图2-1所示）

图2-1　杭州湾跨海大桥上车辆起火

2019年10月1日9时左右，我国台湾宜兰县苏澳镇南方澳跨海大桥发生坍塌事故，一辆正在过桥的油罐车连同桥面从约18米的高空中跌落，停在桥梁下的3艘渔船也遭压毁，多名外籍渔工受困。该桥垮塌的直接原因是下锚头及附近吊杆锈蚀。（如图2-2所示）

图2-2 南方澳跨海大桥坍塌事故

2019年2月28日下午，一艘俄罗斯货船"希格兰号"从韩国釜山港出发，没有往正确的方向行驶，先是撞上了一艘停在釜山龙湖湾的游艇，造成游艇船身进水，然后逃离现场，驶向了釜山的跨海大桥——广安里大桥，支撑桥体的铁制构造物被撞变形，开了个窟窿。广安里大桥附近原本不是通航路线，水深只有9米，船只损伤严重。（如图2-3所示）

图2-3 广安里大桥船撞桥事故

2008年3月27日凌晨1时15分，舟山跨海大桥金塘大桥遭受重创。7000吨级台州籍货轮"勤丰128号"撞上了大桥，大桥非通航孔桥面被撞塌，重达3000吨的桥面砸在货轮的驾驶舱，造成驾驶舱内4人死亡（如图2-4所示）。2009年11月16日，金塘大桥再次受创，一艘停泊在附近锚地的韩国籍货轮，撞上了金塘大桥桥墩，所幸船只与金塘大桥只是轻微刮擦。

图2-4 肇事船只"勤丰128号"停泊在被撞的金塘大桥附近

第三节 公共卫生事件

公共卫生事件指因发生重大传染病疫情、不明原因疾病疫情等公共卫生事件，实施大桥交通管制，影响交通运输正常运作等。

2020年，新冠疫情在全球很多国家暴发。为防止疫情蔓延，较多大桥实行了临时交通管制。例如：

加拉塔大桥所在的伊斯坦布尔是土耳其第一大城市，同时也是土耳其新冠疫情最严重的地区。2020年4月10日，因感染者的急速增加，当日对加拉塔大桥进行了交通管制。（如图2-5所示）

图2-5 加拉塔大桥交通管制现场

2021年6月3日，广州新冠疫情防控升级。广州荔湾区芳村片区区域内部的公交线路全部暂停营运；高风险区域地铁站封闭管理；巡游出租车、网约车、共享单车等停止在该区域的运营；封闭区域内高速公路出入口，仅允许持证车辆通行，保障必要的生活物资运输等；鹤洞大桥正式设卡封闭。

2022年1月18日，因新冠疫情防控需要，经珠港两地政府协商，决定自0时起港珠澳大桥上的穿梭巴士港珠线双向暂停运行。2月12日0时起港珠澳大桥上的穿梭巴士港珠线双向恢复运行。

第四节　社会安全事件

社会安全事件指因人为破坏、聚众滋事、恐怖袭击、群体性事件、网络与信息安全事件等导致大桥交通中断、公众生命财产遭受损失等。

2018年6月21日，济南长清黄河大桥交通受阻，位于齐河胡官屯镇的疏桥道路被一段高约半米的土堆挡住去路，有当地村民不断把石块、黄土运到桥西齐河一端主干道上，缘由是大桥建设占用了当地村民的地，村民要求大桥投资方免除其大桥通行费未果，且大桥并未留出非机动车道，使得村民的出行不便，于是村民摆设路障，导致交通中断。

2015年11月8日凌晨，江西吉安大桥发生一起40余人持刀的聚众斗殴案件。郭某等10余人同伍某强等20余人，在吉州区、青原区各街道相互打斗。凌晨3时45分，双方人员在吉安大桥上相遇，随即在桥上展开斗殴。斗殴致1人死亡，1人重伤二级，2人轻伤一级，2人轻微伤，多辆小车受损。

第五节　跨海大桥运营管理办法的制定

一、管理办法制定的必要性

跨海大桥建设费用高、时间长，大桥的建设承载着当地人民的深厚寄托，大桥的建成对推动周边地区社会经济发展具有非常积极的意义。另外，跨海大桥一般处在交通要道上，其结构安全也显得尤为重要，因此，有必要针对跨海大桥的特点制定和实施相应的管理办法，通过立法的方式来强化大桥的安全管理、落实对跨海大桥管理的具体要求。

目前，影响跨海桥梁安全的因素越来越多，跨海桥梁的养护与管理面临诸多的矛盾和困难，相关的政府、企业、行政部门在大桥运营中均承担相应的义务和责任。立法可以明确大桥运营主管部门及相关部门的职责范围，使之权责明晰、分工合作、各司其职；调动社会力量，将保护大桥工作纳入地区经济发展和社会进步的总体规划；对于专门设置大桥监督管理部门的，也需要相关法律法规和管理办法作为职能行使的依据。

跨海大桥沿线途经的县（乡）属地管理的桥上、桥下空间及水上航道复杂多变，需要有相应的法律法规来对大桥基础设施进行保护。为了防范船舶碰撞桥梁事故的发生，保障桥梁及其附近水域通航安全，有必要制定桥梁附近水域通航安全管理规定，明确大桥通航注意事项及大桥所在地的海事机构的职责，以保证大桥及过往船舶、设施的安全，维护通航管理秩序。

随着国家经济的快速发展，以石油为中心的上下游产业将迎来快速发展期，危险货物道路运输需求也将快速增长，一些跨海大桥也承担了部分危险货物的运输，因此，也需要相适应的法律规范来约束危化品的运输，确保大桥安全和广大人民群众的出行安全。

二、管理办法的制定

目前，国内多座大桥已出台相关的运营管理办法，如《杭州湾跨海大桥管理暂行办法》《东海大桥道路交通管理暂行办法》《嘉绍大桥管理暂行办法》《江苏省江阴长江公路大桥管理办法》《舟山跨海大桥管理暂行办法》等。这些管理办法的多年实施在大桥运营、管理、建设、保护等方面起到了较好的作用。

为加强跨海大桥管理，保护公民生命和财产安全，保护大桥设施，保障大桥安全、畅通，依据相关法律法规，结合当地实际，政府部门有必要制定跨海大桥管理办法。

管理办法一般从目的依据、适用范围、管理职责、禁行车辆、养护要求、机动车通行要求、突发事件响应、桥下空间的合理利用、大桥通航要求、桥上及桥周围禁止行为、船舶航行要求、单位船舶及个人报告信息的义务、无人机禁止飞行范围、处罚规则、实施时间等方面作出具体规定。以下展示了《舟岱跨海大桥暂行管理办法》的具体条例。

第一条　为加强舟岱跨海大桥管理，保护公民生命和财产安全，保护大桥设施，保障大桥安全、畅通，根据《中华人民共和国公路法》《中华人民共和国道路交通安全法》《中华人民共和国海上交通安全法》《浙江省高速公路运行管理办法》等规定，制定本办法。

第二条　本办法适用于舟岱跨海大桥（以下简称"大桥"）的养护、运营、使用等管理活动。

本办法所称大桥，是指浙江省高速公路S6定岱高速（K2+310—K28+660），包括大桥主桥、引桥、隧道、连接线、互通线路及其附属设施。

前款所称大桥附属设施是指为保护大桥安全畅通所设置的通信、监控、消防等设施、设备，以及气象监测、输变电服务、桥梁防撞等专用建筑物和其他构筑物。

第三条　大桥管理范围应当设置明显的界桩和其他标志，不得设置公路标志以外的其他标志。

第四条　交通、公安、海事、应急、海洋与渔业、生态环境、港航和口岸、电力等部门按照各自职责依法负责大桥的有关监督管理工作。

舟山跨海大桥管理中心负责大桥安全和养护工作的综合协调和管理，对大桥经营主体安全责任落实情况进行监督管理，统筹协调大桥相关行政管理机构在大桥运营期依法行使职能，负责与交通、海事、公安、消防等机构的沟通协调并建立长效工作机制，统一协调突发事件处置。各相关行政管理部门应当依法予以配合。

大桥所在地的县（区）人民政府应当履行属地管理责任，督促乡镇人民政府（街道办事处）、村（居）民委员会协助舟山跨海大桥管理中心做好有关管理工作。

第五条　行人、非机动车、拖拉机、轮式专用机械车、铰接式客车、全挂拖斗车以及其他设计最高时速低于70公里的机动车不得进入大桥。

第六条　大桥经营单位和养护单位应当严格按照国家规定的技术规范和操作规程对大桥进行养护，保证大桥处于良好的技术和运营状态。

大桥养护作业现场应当符合高速公路施工作业的规范和要求。

第七条　遇有自然灾害、恶劣气象或重大交通事故等严重影响道路交通安全的情况，公安机关交通管理部门采取交通管制措施时，应当及时告知舟山跨海大桥管理中心并向社会发布公告。

第八条　机动车载物应当符合核定的载质量，严禁超载；载物的长、宽、高不得违反装载要求，不得遗撒、飘散载运物。

第九条　未经批准，任何单位和个人不得擅自利用桥下空间。

第十条　在大桥周围200米、隧道上方和洞口外100米范围内，以及在大桥两侧规定范围内，不得进行挖砂、采石、取土、爆破、焚烧或者倾倒废弃物等危及大桥安全的活动。

第十一条　大桥所在地的海事管理机构应当根据大桥通航技术条件，公布通航孔设置及对应的桥区航道、通航孔的通航技术标准、桥区航道水上助航标志等相关通航要素。

第十二条　船舶、设施通过大桥水域应当满足大桥航道、通航桥孔的通航净空高度和宽度及其他技术要求，并应遵循海事管理机构制定的航行规则。除从事桥梁、航标维护保养、执行公务和救助的船舶外，任何船舶不得进入桥梁禁航水域。

第十三条　禁止船舶在大桥水域内进行试航、校正罗经、捕捞、采掘、爆破、倾倒废弃物及其他有碍大桥安全的作业。除紧急情况或航道疏浚、维护外，禁止船舶在桥区水域内锚泊。

第十四条　有下列情形之一的，船舶不得进入桥梁航道：

（一）舟山公众气象预报风力达到9级及以上的；

（二）桥区水域航道、航标等存在异常情况妨碍船舶正常通过的；

（三）船舶操纵能力受限或者航行设备出现故障的；

（四）载运爆炸品的；

（五）拖带总长度超过300米的拖带船队或者夜间拖带的；

（六）相关主管部门发布的禁止船舶通过桥梁航道的其他情形。

船舶航行应当遵循海洋环境保护法律法规，落实环境保护有关管理要求。

第十五条　任何单位和个人发现桥梁水域内的航标移位、损坏、灭失及其他有碍桥梁通航安全的异常情况，应立即向当地海事管理机构报告。

第十六条 未经有关部门批准，民用无人机禁止在大桥以及两侧50米范围的上方空域飞行。

第十七条 舟山跨海大桥管理中心应当建立健全反恐怖及安全生产责任制度，制定并完善突发事件应急预案和突发事件处置机制。

第十八条 本办法自2021年12月28日起施行。

第三章

跨海大桥检测和监测数据处理

　　跨海大桥在运营期内不可避免地会出现多种病害问题，这对结构安全造成了较大隐患。国内外学者已经对桥梁的典型病害和成因做了较多研究，但是对病害时空特征的研究较少，而掌握病害的空间分布特征或相关性对指导养护有显著的意义。

第一节　病害的空间分布特征

一、钢箱梁常见病害特征分析

　　某运营七年的斜拉桥的钢箱梁检测出主要的病害是涂装层锈蚀及斜腹杆过焊孔的裂纹。涂装层锈蚀小且散，图 3-1 为涂装层锈蚀现场拍摄图，图 3-2 为桁架梁钢管过焊孔处开裂现场照，可以看出，斜腹杆过焊孔的裂纹较为明显。

图 3-1　顶板涂装层锈蚀　　　　　图 3-2　桁架梁钢管过焊孔处开裂

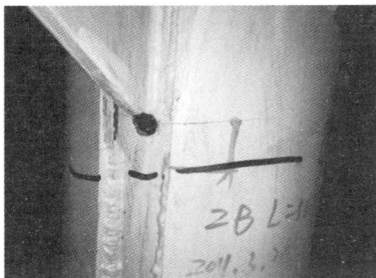

　　根据检测报告统计出钢箱梁每个箱室内涂装层锈蚀的总面积，如图 3-3 所示。由图可以看出，大部分箱室内涂装层锈蚀状况较为一致，梁体的两端涂装层问题相对较多。而在北塔侧一个箱室内出现了异常高的劣化面积，达到了 1650 平方厘米。在检测中应重点关注梁体两端的涂装层劣化状况。

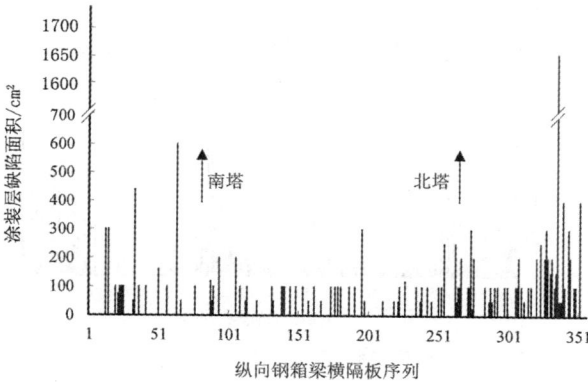

图3-3　钢箱梁涂装层锈蚀分布图

钢箱梁斜腹杆过焊孔裂纹的分布情况如图3-4所示，可以看出，钢箱梁斜腹杆过焊孔裂纹分布与主梁的受力分布吻合，主要分布在跨中区域和辅助墩附近。在桥塔附近的钢箱梁受力较为稳定，斜腹杆过焊孔基本无裂纹，但是在跨中很大一片区域及辅助墩附近，裂纹扩展迅速，甚至过焊孔整个断裂，因此，在过焊孔裂纹检测中应重点关注受力不利点。为进一步分析钢箱梁斜腹杆过焊孔裂纹的空间特征，研究人员统计了钢箱梁斜腹杆过焊孔裂纹总长的分布情况，如图3-5所示。由图3-4和图3-5可以看出，钢箱梁斜腹杆过焊孔最长裂纹分布和裂纹总长的分布情况一样，主要在跨中区域和辅助墩附近，但是裂纹最长的箱室总长却不一定是最长的，如跨中部分的箱室，虽然跨中部分箱室单裂纹最长，但总长和辅助墩附近相近，除横隔板第3处和第221处的裂纹总长大于1米外，其他裂纹总长为0.6～0.8米。

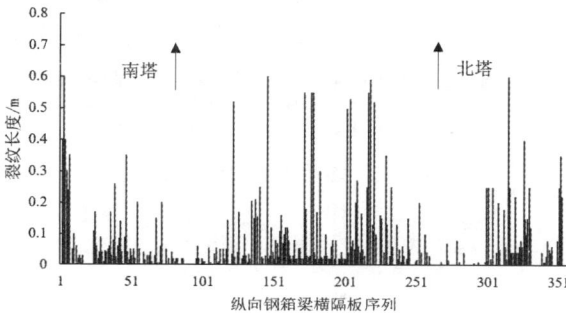

图3-4　钢箱梁斜腹杆过焊孔裂纹分布图

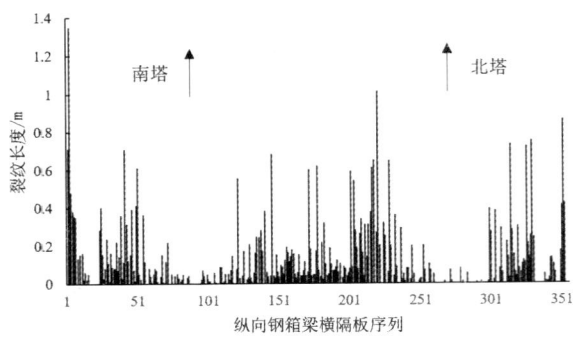

图3-5　钢箱梁斜腹杆过焊孔裂纹总长分布图

二、钢塔中螺栓锈蚀分布特征

图3-6给出了螺栓锈蚀的统计分布图,可以看出,北塔螺栓锈蚀的数量要比南塔螺栓锈蚀的数量多,而且南北塔分布相差较大。北塔从桥面至塔顶分布均匀,但南塔在靠近塔顶的地方螺栓锈蚀数量较多,而在塔高较矮的地方几乎没有,所以对于南塔应重点检查塔高较高的地方。另外,研究人员对上下游的螺栓锈蚀数量进行了统计,如图3-7所示。可以看出,上游和下游的螺栓锈蚀数量相近且变化一致。

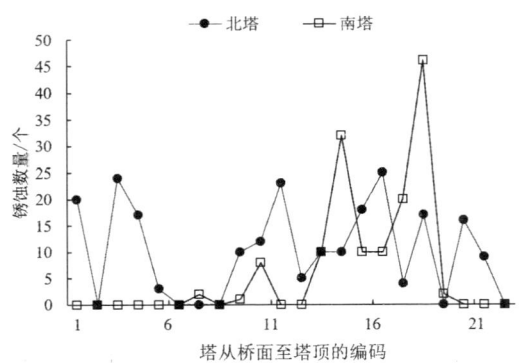

图3-6　螺栓锈蚀统计分布图

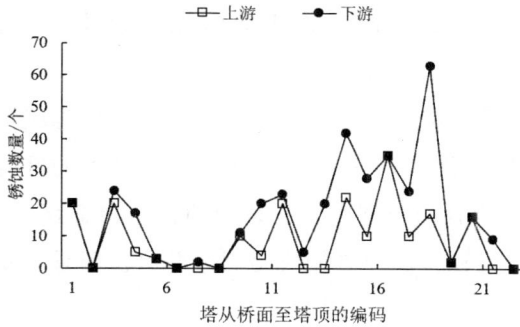

图3-7　螺栓锈蚀统计分布图

三、斜拉索常见病害特征分析

斜拉索系统在长时间荷载、风雨等自然环境的作用下，易出现各类病害问题。从该桥年检报告可以看出，斜拉索的上下锚头、索体、护套、减震系统等部位都出现了不同程度的病害，主要表现为：钢护套表面防锈漆多处脱落、锚头的防腐油脂渗漏、下锚头圆形钢护筒内海绵碎裂等。

该桥检测报告列出了斜拉索系统中上锚头、拉索护套钢护筒段、下锚头、减震装置等部位的病害的数量，详见表3-1。其中20个上锚头存在防腐油脂渗漏问题，此类病害在距离桥面190.6～205.6米处多发，即对应最长的6根拉索位置，说明较长的拉索锚头处易发生防腐油脂渗漏，这些斜拉索承担着较大的索力，因此更容易受到破坏，应加强长索的病害检查。

表3-1　斜拉索病害在不同部位上的分布

部位	病害数量/个	病害类型
上锚头	20	防腐油脂渗漏
拉索护套(包括钢护筒段)	48	防锈漆脱落,钢护筒内海绵碎裂
下锚头	60	防腐油脂渗漏、涂装层起皮
减震装置	2	防锈漆脱落,表面油污

第二节　监测数据处理技术

传感器自身信号故障、传输遗漏、外界环境干扰等因素，使得采集的数据往往是不完整的、有噪声的或不一致的。监测数据的准确性是评估结构完整度的前提，几乎所有的长期监测系统中的传感器都存在数据失真的问题。如果海量数据大量堆积，反而可能成为制约健康监测系统发挥其科学指导意义的瓶颈。

具体的数据处理涉及以下几个方面。

1.数据规约

长期且高频采集的监测数据容量相当大，这无疑增加了数据抽取分析的工作量，因此，在数据处理之前就应考虑数据归约的问题。为了提高数据的处理效率和处理的成功率，有学者采用抽样1/30的数据进行处理，软件测试处理的误差仅为5‰，客户可以接受。

可采用重采样的数据压缩技术，根据选取的时间模式及计算机的存储能力合理地选择采样时间间隔。归约后数据不仅小得多，而且仍然接近于保持原数据的完整性，如最大（小）值、平均值、变异系数等。

2.数据清洗

数据失真贯穿了桥梁长期监测系统所有环节，表现形式亦千差万别。数据清洗是指发现并纠正数据文件中可识别的错误，包括处理无效值和缺失值等。针对以上数据失真的特点，数据清理的过程包含四个步骤：填补缺失值、识别并剔除野值、光滑噪声数据及时间对准。表中野值指严重偏离大部分数据所呈现的变化趋势的个别数据。

（1）缺失值填补。长期监测系统中，各类传感器由于传输和采集等故障均存在单点缺失现象。对这类数据通常采用以下两种处理方式：①忽略缺失值。若用于可视化界面，可忽略缺失值，便于快速查看图形，也不会影响数据的趋势变化。②利用样条插值法填补缺失值。若用于后续数据处理，可用样条插值法。这种方法可以最大限度地使用当前数据信息，且能保持数据曲线的性质。

对于$n+1$个给定点的数据集$\{x_i\}$，我们可以用n段三次多项式在数据点之间构建一个三次样条。

$$S(x)=\begin{cases}S_0(x), & x\in[x_0,x_1]\\S_1(x), & x\in[x_0,x_1]\\S_{n-1}(x), & x\in[x_{n-1},x_n]\end{cases} \qquad (3-1)$$

表示对函数f进行插值的样条函数，那么需要：

插值特性，$S(x_i)=f(x_i)$；

样条相互连接，$S_{i-1}(x_i)=S_i(x_i)$，$i=1,\cdots,n-1$；

两次连续可导，$S'_{i-1}(x_i)=S'_i(x_i)$，以及$S''_{i-1}(x_i)=S''_i(x_i)$，$i=1,\cdots,n-1$.

由于每个三次多项式需要4个条件才能确定曲线形状，所以对于组成S的n个三次多项式来说，这就意味着需要$4n$个条件才能确定这些多项式。但是插值特性只给出了$n+1$个条件，内部数据点给出$n+1-2=n-1$个条件，总计是$4n-2$个条件，还需要另外2个条件，可根据不同的因素使用不同的条件。

其中一项选择条件可以得到给定u与v的钳位三次样条，即$S'(x_0)=u$和$S'(x_k)=v$。

如果是使用自然三次样条，则设$S''(x_0)=0$，$S''(x_n)=0$。

在这些所有的二次连续可导函数中，钳位与自然三次样条可以得到相对于待插值函数f的最小震荡。

（2）野值剔除。部分监测数据存在非连续野值的情形，处理这样的数据常要借助统计学中剔除粗差的方法。常见方法有多种，如拉依达准则、格拉布斯准则、狄克逊准则、肖维勒准则、t检验法、F检验法等。推荐采用拉依达准则，该方法简单实用，无须查表，对海量数据的处理有良好的应用效果。

一般认为，一组常数测量值符合正态分布，在正态分布中σ代表标准差，μ代表均值，可以认为，测量值的取值几乎全部集中在$(\mu-3\sigma, \mu+3\sigma)$区间内，超出这个范围的可能性仅占不到$0.3\%$。

对于某参数对应n个监测数据，其特征描述如下：

$$d_j=2x_j-(x_{j+1}+x_{j-1}) \qquad (3-2)$$

式中：$x_j(j=1,2,\cdots,n-1)$是一系列监测值。由n个监测值x_1，x_2，$\cdots$，x_n

可得 $n-2$ 个 d，当 n 足够大时，可按一定的概率进行检验。首先，统计监测数据的平均值 d 和均方差 σ，然后做判断。若

$$|d_j - d| > 3\sigma \tag{3-3}$$

则剔除该部分数据。

（3）噪声光滑。若传感器抗干扰能力强，精度较高，数据噪声含量不高，可以忽略此步骤。若噪声含量高，可采用小波消噪或移动平均法消噪。

小波分析理论是目前较为常用的信号去噪工具之一，在时间和频率上具有很好的局部性，它的时—频局部分析能力使之在信号去噪领域应用广泛。

叠加性高斯白噪声是最常见的噪声模型，实际观测信号可以表示为：

$$y_i = f_i + \sigma z_i, \ i = 1, \cdots, n \tag{3-4}$$

其中 y_i 为含噪信号，f_i 为"纯净"采样信号，z_i 为高斯白噪声，σ 为噪声水平，信号长度为 n。

为了从含噪信号 y_i 中还原出真实信号，可以利用信号和噪声在小波变换下的不同特性，通过对小波分解系数进行处理来达到信号和噪声分离的目的。在实际工程应用中，噪声信号通常处于高频段，有用信号分布在低频段，因此去噪过程可以分成以下三个步骤。

①对观测数据作小波分解变化：

$$W_0 y = W_0 f + \sigma W_0 z \tag{3-5}$$

其中 y 表示观测数据向量，f 是真实信号向量，z 是高斯随机向量。在 MATLAB 中，可选的小波函数有 Haar 小波、Daubechies 小波、Coiflets 小波、Symlets 小波等。

②对小波系数 W_0 作门限阈值处理，门限阈值处理可以表示为 η_{tn}。在 MATLAB 中，对于阈值的选择有 rigrsue、heursure、sqtwolog 和 minimaxi 四种。

③根据小波分解的底层低频系数和各层高频系数进行一维小波重构：

$$f^* = W_0^{-1} \eta_{tn} W_0 d \tag{3-6}$$

也可采用移动平均法消除噪声，其基本计算公式为：

$$y_i = \sum_{n=-N}^{N} h_n x_{n-m}, i = 1, 2, \cdots, m \tag{3-7}$$

式中：x 为采样数据；y 为平滑处理后的结果；m 为数据点数；$2N$ 为平

均点数；h 为加权平均因子，应满足 $\sum\limits_{n=-N}^{N} h_n = 1$。

对于五点加权平均法，$N=2$，可取

$$\{h\} = (h_{-2}, h_{-1}, h_0, h_1, h_2) = \frac{1}{9}(1, 2, 3, 2, 1) \tag{3-8}$$

（4）时间对准。多传感器工作时，在时间上是不同步的，图3-8给出了某桥采集到的一小时内各个监测项目的采样数。

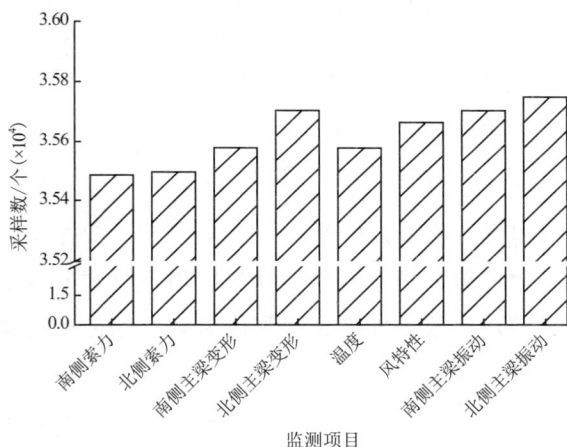

图3-8　某桥各类传感器一小时的采样数

从图3-8中可以看出，不同监测项目的采样数均不同，同一个监测项目也会有两种采样数，这是由传输通道不同造成的。因而在融合之前必须将这些观测数据进行时间对准，即统一"时基"。通常是将一个传感器的时间作为公共处理时间，把来自其他传感器的时间都统一到该传感器的时间上。

3. 数据变换

数据变换的目的就是将传感器采集的数字信号转化成反映结构特征的数值，通常被测物理量与传感器的输出之间呈线性关系。变换公式为：

$$Y = K(X - N_0) + B \tag{3-9}$$

式中：Y 为标度变换后的数值；X 为电讯号值；K、B 为与监测参数、数据点所在断面和位置相关系数；N_0 为参数初始值。

以某斜拉桥的拉索索力监测数据为例，说明几个典型数据的处理过程。

（1）缺失值填补。图3-9给出了部分原始电讯号。可以看出，单点缺失极多，索力采样频率为10Hz，而缺失率约1个/秒。密集的遗漏值掩盖了真实索力变化区域。通过样条插值法处理，数据质量提高了很多，结果如图3-10所示。

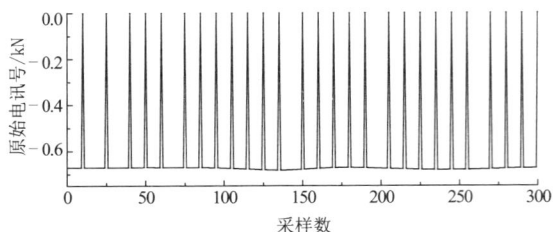

图3-9 A16索原始电讯号

（2）数据变换和野值剔除。从图3-10可以看出，单个离群点较多，从而影响更细致化的索力趋势分析，另外，纵坐标仍是原始电讯号，还不是期望的索力值，因此，使用拉依达准则剔除野值后对数据进行变换。查看该桥传感器系统的硬件手册中的索力数据解算公式，即公式（3-9）中对应的参数值分别为：$K=-2063.1$，$B=1600.158$，$N_0=0$，于是得到对应的索力物理量值。野值剔除、数据变换后的结果如图3-11所示。图3-11显示了索力一天的变化浮动，从中可大致看出汽车荷载和温度造成的影响。

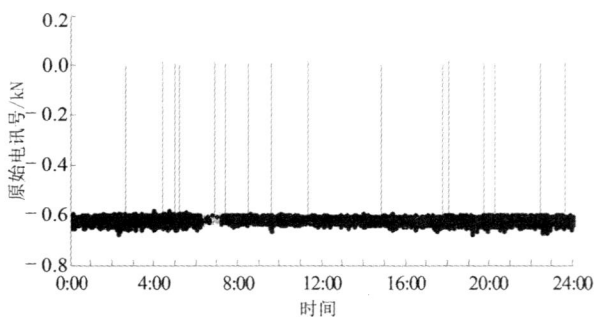

图3-10 A16索缺失数据处理结果

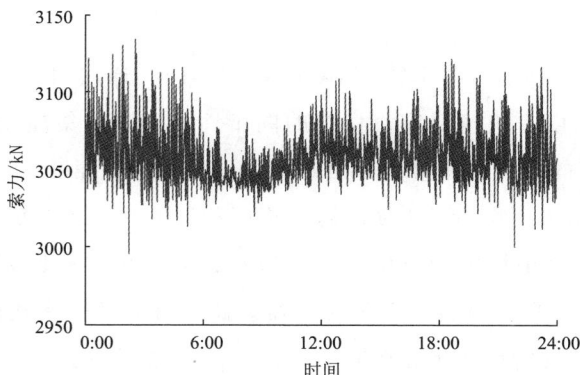

图 3-11　A16索野值剔除、数据变换结果

（3）噪声剔除。使用小波消噪方法，将原始信号进行3层分解，选用DB8小波基函数，过滤掉高频成分，得到去噪后的索力数据，如图3-12所示。

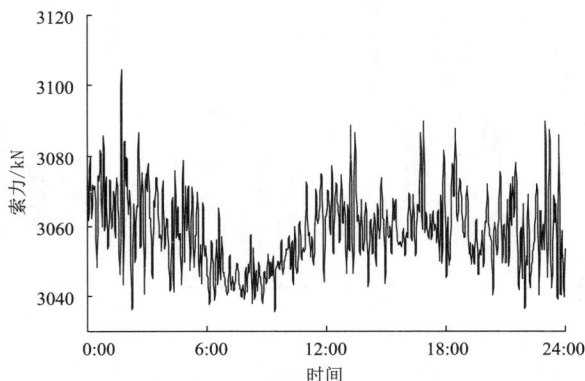

图 3-12　A16索消噪后的结果

第三节　监测数据的多尺度温度效应

桥梁监测数据往往与温度存在较强的相关关系，研究这种相关性有利于进一步掌握结构受力特征和潜在的损伤。本节以斜拉桥主梁挠度为例，对日温度模型和年温度模型进行分析。

一、日变化

主梁挠度监测过程使用 ROSEMOUNT 3051S，通过闭合连通管法进行，该仪器具有高精度、快速反应、良好的同步性和高频采集能力。我们发现，每个测量点之间的相关性非常高，因此这里只关注跨中挠度。

图 3-13 显示了 2007 年 5 天期间跨中挠度和温度的变化。负值表示向下挠度。如图所示，跨中挠度随温度变化而波动，并产生"滞回圈"。一天的温度变化分为三个阶段：降温、升温和降温。跨中挠度的三个相应阶段分别标记为 A、B 和 C。A 阶段发生在 0:00 至日出，由于结构处于黑暗环境中，温度的影响效应相对较小，此时车辆荷载的影响效应更大，可能是夜间重型车辆的比例相对较高所致。B 阶段为日出到日落，跨中挠度随着温度的升高而减小。C 阶段从日落到 24:00，跨中挠度逐渐增大。

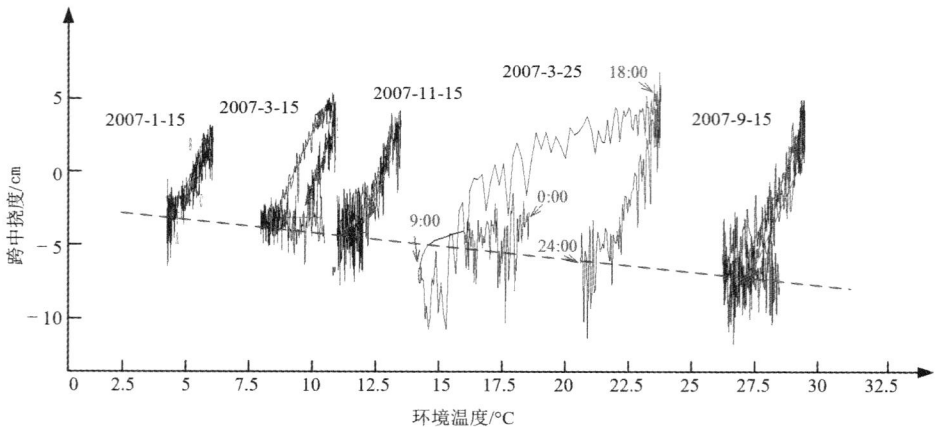

图 3-13　2007 年 5 天跨中挠度随温度的变化规律

我们得出了几个关于在这里观察到的 5 天期间的典型温度和挠度曲线的结论。

（1）当一天中的最大温差较大时，相应的挠度变化较大，且滞回圈相对较大，反之亦然。当一天内的最大温差很小（这在夏季和冬季很常见）时，由于白天太阳辐射范围有限，挠度和温度之间的关系几乎是线性的。春秋温差较大时，挠度表现出明显的非平稳变化。

（2）在阶段 B 中，挠度变化率基本保持不变。在这种情况下，基于监测数据的拟合结果约为4cm/℃。

（3）由于0:00至日出期间的稳定环境温度，跨中挠度相对稳定。图3-13中的虚线大致表明挠度与1:00的温度之间存在负相关性。1:00的跨中挠度可作为长期趋势分析的基础数据。如下文详细讨论，可通过在1:00收集数据获得年度挠度变化。

二、年际变化

提取2007年1月至2009年12月（36个月每月一天）的数据，以调查年度变化。我们每天从0:00到1:00收集平均跨中挠度和温度，并将数据做线性模拟。

图3-14显示了跨中挠度随温度的变化，Pearson系数为-0.87，呈强负相关。

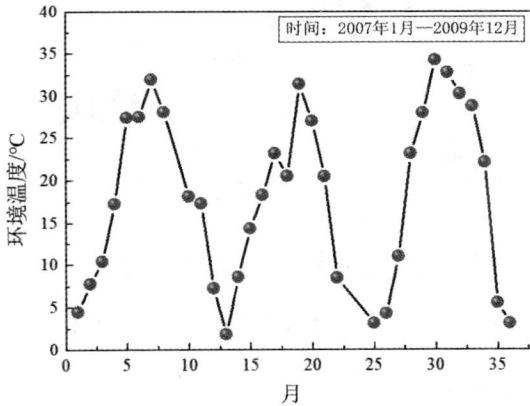

(a)环境温度数据

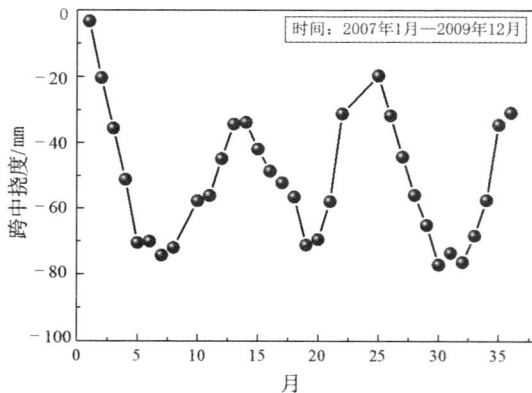

（b）跨中挠度数据

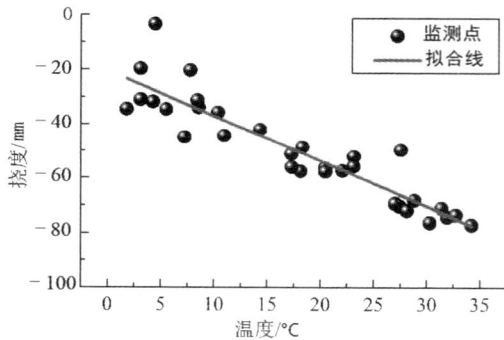

（c） 跨中挠度与温度的线性拟合

图 3-14　跨中挠度和温度的数据和线性拟合

线性拟合结果计算如下：

$$D = -1.721 \times T - 19.986 \qquad (3-10)$$

式中：D 为每天 0:00 至 1:00 的平均监测跨中挠度，单位为毫米；T 是每天 0:00 到 1:00 的平均监测温度，单位为摄氏度。

公式中的斜率为 -1.721，表明单位温度引起的跨中挠度变化为 -1.721。在桥梁完工期间（24℃），通过线性拟合将主梁挠度统一到相同温度，这样累积的数据和损伤更容易被发现，有利于做出针对性的检查。

第四节 部件相关性分析

斜拉桥为高次超静定组合结构，结构受力复杂，各部件之间具有较强的相关性。为提高斜拉桥评估可靠性，考虑开展部件相关性的斜拉桥状态评估研究。关于部件相关性，目前在工程故障诊断领域的研究已较为深入，通常采用 Pagerank 算法，该算法具有原理简单、计算量少的特点，可以实现各部件的重要性排序。

Pagerank 算法用于计算网页中从其他页面跳转到此页面的概率，其主要原理是如果页面 A 能够链接到页面 B，那么将认为页面 A 传递给页面 B 一个重要度值（PR 值），且会根据链接关系一直迭代计算，直至平稳。基于此原理，斜拉桥各部件之间的相互影响关系便可以看成互联网中页面的相互链接关系，故障沿着关系路径进行传递，通过对斜拉桥各部件间故障退化相关度的分析，来为后续评分提供可靠数据。

基于上述思想，建立斜拉桥各部件故障传递有向图，根据 Pagerank 算法可以通过概率转移矩阵的迭代计算来求解部件间相关度，如公式（3-11）。图 3-15 给出了算法实现的流程。

$$W^{x+1} = \frac{E \cdot (1-d)}{n} + d \cdot [C']^T \cdot W^x \tag{3-11}$$

式中：E 为元素均为 1 的（$n \times 1$）阶矩阵，n 为系统部件个数，d 为阻尼因子，参考相关文献选取 0.3，C' 为等概率转移矩阵，各个节点的初始 PR 值为 W^1，W^{x+1} 表示第（$x+1$）次迭代所得的各个节点的重要度所组成的（$n \times$ 1）阶矩阵。

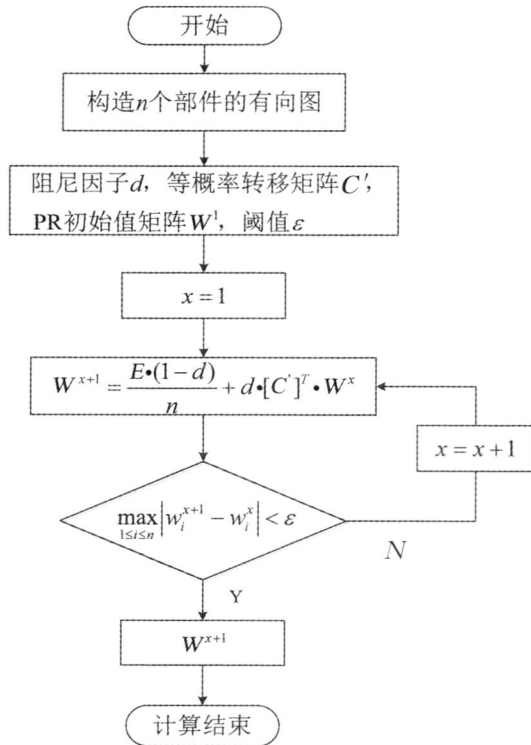

图 3-15　Pagerank 算法实现流程

　　斜拉桥部件间相关性分为影响度 C_I 与被影响度 C_K，C_K 值表征了某部件受其他部件故障传递影响而出现故障的概率程度，C_I 值代表了某部件对其他部件产生影响的概率，借助 Pagerank 算法，参考式（3-11），得到 C_K 值和 C_I 的迭代计算公式。

$$C_K^{x+1} = \frac{E \cdot (1-d)}{n} + d \cdot [C']^T \cdot C_K^x \qquad (3-12)$$

$$C_I^{x+1} = \frac{E \cdot (1-d)}{n} + d \cdot \left[[C^T] \right]^T \cdot C_I^x \qquad (3-13)$$

　　本项目使用幂法来求解 C_K、C_I 值。一般来讲，PR 初始值并不会影响最终 PR 值的收敛性和最终的排序，所以一般取 C_K、C_I 初值为（$n \times 1$）元素全为 1 的矩阵。

　　基于 Pagerank 算法，可将整个背景桥评估系统抽象成一个 n 个部件和链接关系组成的有向图 $G = (V, E)$，根据斜拉桥系统的组成结构，可以得到

图3-16的各部件连接图。结合相关文献关于桥梁各部件间影响关系的研究结果，进一步对各部件间的故障传递关系进行分析，可以判断部件之间是否有直接的退化影响，从而得到斜拉桥系统各部件故障传递有向图，如图3-17所示。同时状态等概率转移矩阵也可求出，如式（3-14）。

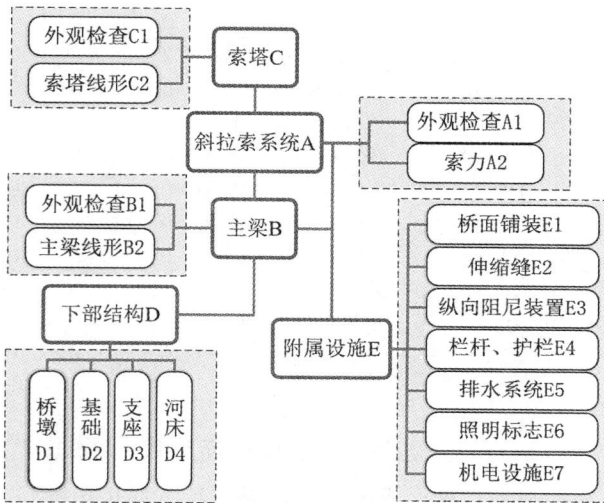

图3-16 斜拉桥各部件连接图

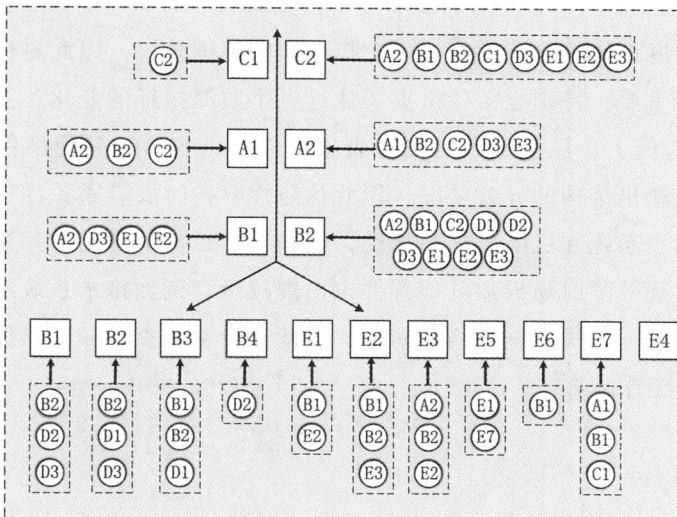

图3-17 斜拉桥系统各部件故障传递有向图

45

$$C' = \begin{pmatrix}
0 & 1/3 & 0 & 1/3 & 0 & 1/3 & 0 & 0 & 0 & 0 & 0 & 0 & 0 & 0 & 0 & 0 \\
1/5 & 0 & 0 & 1/5 & 0 & 1/5 & 0 & 0 & 1/5 & 0 & 0 & 0 & 1/5 & 0 & 0 & 0 \\
0 & 1/4 & 0 & 0 & 0 & 0 & 0 & 0 & 1/4 & 0 & 1/4 & 1/4 & 0 & 0 & 0 & 0 \\
0 & 1/9 & 1/9 & 0 & 0 & 1/9 & 1/9 & 1/9 & 1/9 & 0 & 1/9 & 1/9 & 1/9 & 0 & 0 & 0 \\
0 & 0 & 0 & 0 & 0 & 1 & 0 & 0 & 0 & 0 & 0 & 0 & 0 & 0 & 0 & 0 \\
0 & 1/7 & 1/7 & 1/7 & 1/7 & 0 & 0 & 0 & 1/7 & 0 & 1/7 & 1/7 & 0 & 0 & 0 & 0 \\
0 & 0 & 0 & 0 & 0 & 0 & 0 & 1/3 & 1/3 & 0 & 0 & 0 & 0 & 0 & 0 & 0 \\
0 & 0 & 0 & 1/3 & 0 & 0 & 1/3 & 0 & 1/3 & 0 & 0 & 0 & 0 & 0 & 0 & 0 \\
0 & 0 & 1/3 & 1/3 & 0 & 0 & 1/3 & 0 & 0 & 0 & 0 & 0 & 0 & 0 & 0 & 0 \\
0 & 0 & 0 & 0 & 0 & 0 & 0 & 1 & 0 & 0 & 0 & 0 & 0 & 0 & 0 & 0 \\
0 & 0 & 1/2 & 0 & 0 & 0 & 0 & 0 & 0 & 0 & 1/2 & 0 & 0 & 0 & 0 & 0 \\
0 & 0 & 1/3 & 0 & 0 & 0 & 0 & 0 & 0 & 0 & 1/3 & 0 & 0 & 0 & 0 & 0 \\
0 & 1/3 & 0 & 1/3 & 0 & 0 & 0 & 0 & 0 & 0 & 1/3 & 0 & 0 & 0 & 0 & 0 \\
0 & 0 & 0 & 0 & 0 & 0 & 0 & 0 & 0 & 1/2 & 0 & 0 & 0 & 0 & 0 & 1/2 \\
0 & 0 & 0 & 0 & 0 & 1 & 0 & 0 & 0 & 0 & 0 & 0 & 0 & 0 & 0 & 0 \\
1/3 & 0 & 1/3 & 0 & 1/3 & 0 & 0 & 0 & 0 & 0 & 0 & 0 & 0 & 0 & 0 & 0
\end{pmatrix}$$

$$(3-14)$$

根据式（3-11），由经验 $d=0.3$ 进行矩阵迭代，通过 MATLAB 计算，得到 C_K 值。对邻接矩阵 C 进行相关变换，得到转置邻接矩阵 C^T 和其等概率转移矩阵 $[C^T]'$，如式（3-15）。根据式（3-13），得到各部件的 C_I 值。表 3-2 给出了各部件 C_K 值和 C_I 值。由表可以看出，主梁线形、索力和索塔线形的被影响度和影响度都比较大，说明这三个指标影响范围较广，因此对桥梁进行健康监测尤其重要，特别是需要重点关注这三个监测指标的变化；主梁外观检查和支座 C_K 值大，C_I 值小，是故障表象部件，最容易受其他部件故障的影响，容易反映出结构的异常状况，因此预防性养护时要着重关注这两个部件的状态；排水系统和机电设施则相反，C_K 值小，C_I 值大，是故障源部件，当此类部件出现故障时易导致其他部件也出现故障，例如排水系统不畅、机电设施停电会进一步加速钢结构的锈蚀，因此在日常检查中需注意保持这两个部件的良好工作状态。

$$[C^T]' = \begin{pmatrix}
0 & 1/2 & 0 & 0 & 0 & 0 & 0 & 0 & 0 & 0 & 0 & 0 & 0 & 0 & 0 & 0 & 1/2 \\
1/5 & 0 & 1/5 & 1/5 & 0 & 1/5 & 0 & 0 & 0 & 0 & 0 & 0 & 1/5 & 0 & 0 & 0 & 0 \\
0 & 0 & 0 & 1/7 & 0 & 1/7 & 0 & 0 & 1/7 & 0 & 1/7 & 1/7 & 0 & 0 & 0 & 1/7 & 1/7 \\
1/8 & 1/8 & 0 & 0 & 0 & 1/8 & 1/8 & 1/8 & 1/8 & 0 & 1/8 & 1/8 & 0 & 0 & 0 & 0 & 0 \\
0 & 0 & 0 & 0 & 0 & 1/2 & 0 & 0 & 0 & 0 & 0 & 0 & 0 & 0 & 0 & 0 & 1/2 \\
1/4 & 1/4 & 0 & 1/4 & 1/4 & 0 & 0 & 0 & 0 & 0 & 0 & 0 & 0 & 0 & 0 & 0 & 0 \\
0 & 0 & 0 & 1/3 & 0 & 0 & 0 & 1/3 & 1/3 & 0 & 0 & 0 & 0 & 0 & 0 & 0 & 0 \\
0 & 0 & 0 & 1/3 & 0 & 0 & 1/3 & 0 & 0 & 1/3 & 0 & 0 & 0 & 0 & 0 & 0 & 0 \\
0 & 1/6 & 1/6 & 1/6 & 0 & 1/6 & 1/6 & 1/6 & 0 & 0 & 0 & 0 & 0 & 0 & 0 & 0 & 0 \\
0 & 0 & 0 & 0 & 0 & 0 & 0 & 0 & 0 & 0 & 0 & 0 & 0 & 0 & 0 & 0 & 0 \\
0 & 0 & 1/3 & 1/3 & 0 & 0 & 0 & 0 & 0 & 0 & 0 & 0 & 0 & 0 & 1/3 & 0 & 0 \\
0 & 0 & 1/5 & 1/5 & 0 & 1/5 & 0 & 0 & 0 & 1/5 & 0 & 1/5 & 0 & 0 & 0 & 0 & 0 \\
0 & 1/4 & 0 & 1/4 & 0 & 1/4 & 0 & 0 & 0 & 0 & 0 & 1/4 & 0 & 0 & 0 & 0 & 0 \\
0 & 0 & 0 & 0 & 0 & 0 & 0 & 0 & 0 & 0 & 0 & 0 & 0 & 0 & 0 & 0 & 0 \\
0 & 0 & 0 & 0 & 0 & 0 & 0 & 0 & 0 & 0 & 0 & 0 & 0 & 0 & 0 & 0 & 0 \\
0 & 0 & 0 & 0 & 0 & 0 & 0 & 0 & 0 & 0 & 0 & 0 & 0 & 0 & 0 & 0 & 0 \\
0 & 0 & 0 & 0 & 0 & 0 & 0 & 0 & 0 & 0 & 0 & 0 & 0 & 0 & 1 & 0 & 0
\end{pmatrix} \tag{3-15}$$

表 3-2　各部件 C_k 值及 C_l 值

部件名称	部件序号	被影响度 C_K 值	影响度 C_l 值
斜拉索外观检查	A1	0.0505	0.0529
索力	A2	0.0757	0.0634
主梁外观检查	B1	0.0736	0.0552
主梁线形	B2	0.0850	0.0768
索塔外观检查	C1	0.0488	0.0462
索塔线形	C2	0.0682	0.0666
桥墩	D1	0.0571	0.0518
基础	D2	0.0621	0.0518
支座	D3	0.0690	0.0516
河床	D4	0.0412	0.0464
桥面铺装	E1	0.0557	0.0466
伸缩缝	E2	0.0667	0.0502
纵向阻尼装置	E3	0.0581	0.0509
栏杆、护栏	E4	0.0412	0.0412

续表

部件名称	部件序号	被影响度 C_K 值	影响度 C_1 值
排水系统	E5	0.0412	0.0634
照明标志	E6	0.0412	0.0435
机电设施	E7	0.0474	0.0584

第四章

跨海大桥状态评估理论

跨海大桥的状态评估是一个复杂的系统工程，而目前用于评估的信息源处于独立状态。信息融合技术的出现为桥梁状态评估提供了新的思路，它作为一种智能化信息处理技术，已在工业过程、环境系统、金融系统等复杂系统的状态监测与诊断维护等领域得到广泛应用，这使得人工检查信息和长期监测信息的融合成为可能。实施信息融合的基础是建立一套完善的融合功能模型和体系结构，以描述系统中各组件的功能、相互关系及数据流向。本章集成两类系统的数据信息，对桥梁状态评估系统中的信息融合功能模型和体系结构做相应的设计，并探索基于多源信息的桥梁状态评估方法。

第一节 信息融合模型设计

一、桥梁信息融合功能模型

信息融合系统的功能模型是融合系统设计的基础。其作用主要是从融合过程出发，描述信息融合包括哪些主要功能、数据库，以及进行信息融合时系统各组成部分之间的相互作用。

多传感器系统采集得到的数据具有多样化的特点，不同类型传感器的测试内容、数据单位、精度各不相同；相同类型传感器的数据时空尺度亦不相同；并且融合的最终目的也依具体任务而不同。对纷繁的数据进行融合，需要根据融合目标在一定的框架指导下进行，这样的框架亦称之为数据融合模型。近年来人们提出和应用的模型很多，例如情报环，美国三军组织——实验室理事联合会提出的JDL（Joint Directors of Laboratories）模型，约翰·博伊德（John Boyd）提出的Boyd 控制环，约安尼季斯（Dasarathy）提出的融合模型，贝德沃斯（Bedworth）等提出的瀑布模型、混合模型等。具有代表性的数据融合模型主要有以下几种。

1. JDL 模型

1984年，美国国防部成立了数据融合联合指挥实验室，该实验室提出了 JDL模型，该模型是目前美国国防信息融合系统的标准。JDL模型把数据融合分为四级：①目标优化、定位和识别目标；②态势评估；③威胁评估；④过程优化。第四级实现了传感器的优化部署。

2. Boyd控制环

Boyd控制环，即观测、定向、决策、执行环。它包括以下四个处理阶段：①观测，获取目标信息，相当于JDL的第一级；②定向，确定大方向，认清态势，相当于JDL的第二级和第三级；③决策，相当于JDL的第四级；④行动。

可以看出，Boyd控制回路使得问题的反馈迭代特性十分明显。

3. Dasarathy模型

Dasarathy模型包括五个融合级别，见表4-1。

表4-1　Dasarathy模型的五个融合级别

输入	输出	描述
数据	数据	数据级融合
数据	特征	特征选择和特征提取
特征	特征	特征级融合
特征	决策	模式识别和模式处理
决策	决策	决策级融合

4. 混合模型

混合模型就是综合了情报环、Boyd控制环、Dasarathy模型等的优点，而且在模型中能够很容易地找到各行为发生的位置。

虽然各种模型的目的都是在信息融合中进行多级处理，但每种信息融合模型都各有其特点。典型功能模型的特点见表4-2。

表4-2　典型功能模型的特点

功能模型	分级描述	特点
情报环	①采集；②整理；③评估；④分发	涵盖了所有处理级别，但是描述粗糙。
JDL模型	①目标优化、定位和识别目标；②态势评估；③影响评估；④过程优化	对中层功能划分清楚，应用广泛。
Boyd控制环	①观测；②定向；③决策；④执行环	具有反馈迭代特性，但执行环影响较小。
Dasarathy模型	①数据级融合；②特征选择和特征提取；③特征级融合；④模式识别和模式处理；⑤决策级融合	有效地描述各级融合行为。

由表4-2可知，情报环模型稍显粗糙，Boyd控制环模型不能较好地反映评估结果对基础数据的影响，Dasarathy模型有效地描述了各级融合行为，但是欠缺对系统融合目的的描述，而JDL模型按目标分级，且应用最为广泛，因而本书将JDL模型应用到桥梁评估过程中，并引入反馈机制，如图4-1所示。

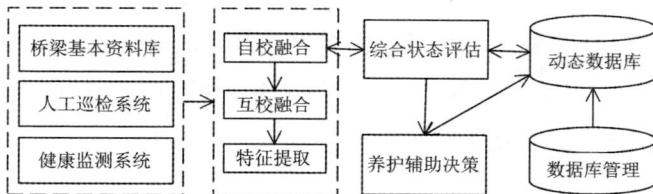

图4-1　桥梁状态评估系统功能模型

本书建立的修正JDL模型共包含四级。

第一级：自校融合、互校融合、特征提取。这一级别主要对多种信息源进行融合处理，纠正不一致、虚假的数据，并进行特征抽取，建立具有一致性、全面性的桥梁评估指标体系。信息源包含：长期监测系统中传感器监测到的环境特性数据、结构响应数据；巡检养护系统中人工检查到的几何外观缺损、材料退化、裂缝等信息；基于设计、施工、竣工资料建立起来的基准有限元模型计算值。

第二级：综合状态评估。在层次化指标体系的基础上，对各个指标的权重和评估标准予以确认，最终采用适合的算法对桥梁的综合技术状况进行评估。

第三级：养护辅助决策。根据评估结果，对桥梁的运营状况做更加详细的说明，并总结钢结构斜拉桥目前存在的性能缺陷和病害，为后期养护提供相关建议。

第四级：过程优化。将桥梁技术状态评估和养护辅助决策信息保存到统一的数据库中管理，通过动态数据库的链接实现优化和数据反馈，可调整第一级中的信息源参数、优化传感器管理和优化数据处理等，通过反馈自适应，提高系统的融合效果。

由上述可见，采用修正的JDL模型有望能够很好地描述桥梁状态评估系统的各个组成部分的功能，而且通过数据库更新实现了信息反馈，进而为信息融合及传感器管理的优化提供数据平台。

二、桥梁信息融合体系结构

信息融合功能模型的实现依赖于相应的融合体系结构，该结构明确系统组件的安排管理、它们之间的相互关系及数据流向。信息融合体系的结构设计要考虑多种因素，如特定的应用场合、传感器配置与性能、可以利用的信息处理资源等。本书从信息处理层次的角度出发，将信息融合结构划分为三个层次：数据级、特征级和决策级。以下分别阐述三个层次的信息融合结构，最后构建整个系统的融合体系结构。

1.数据级融合

在数据级融合中，需要对传感器采集到的数据进行预处理。在长期监测系统中，数据级融合的主要任务是对监测数据进行预处理，利用信息融合中的自校融合和互校融合方法进行填补遗漏数据、消除异常数据、平滑噪声信号等，从海量数据中提取分析所需要的更为全面、准确和可信的数据。这主要对应指标体系中各类信息源的合成及综合人工检查信息和监测信息的数据处理。根据传感器检测数据的方式不同，适用于数据级的结构有分散式结构、并行式结构、串行结构、树状结构和带反馈的并行结构。

桥梁评估系统数据源包含监测点和人工检查项两类，具有数据类别多、传输量大的特点，因而适合于并行结构，可以有效地减小传输负荷，且尽量包含了底层冗余信息。考虑到将来部分传感器面临更换等任务，建立了一种带反馈的并行结构，如图4-2所示。

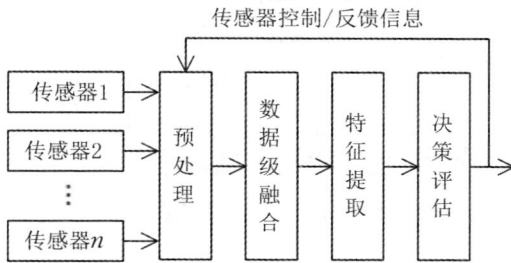

图4-2 分布式数据级融合结构

2.特征级融合

特征级融合对预处理后的数据进行特征抽取，需将其与温度、车辆等元素进行融合处理，提取出基于恒载的结构静力特性信息的特征值。特征级融合中，系统结构模型主要有集中式、分布式和多级式三种。

桥梁评估体系是一个多层次指标结构，每个指标按照一定的规则提取出特征值，这样的架构和算法决定了特征级融合的分布式结构，如图4-3所示。分布式结构虽然信息损失量较大，但具有局部和全局的评价能力，通信负荷较小，系统容错性、鲁棒性较好。

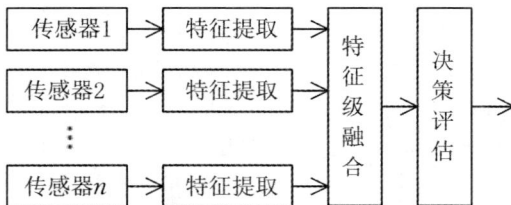

图4-3 分布式特征级融合结构

3.决策级融合

决策级融合是对特征级融合的结果进行综合分析处理。在桥梁评估系统中就是根据相应的评估理论对桥梁的综合状态进行评定，从而辅助桥梁管理者进行维护决策。决策级融合的结构形式比较简单，在层次化指标体系基础上建立决策级融合结构，如图4-4所示。在图4-4的决策级融合一项中，加权综合、证据理论等融合算法在此得到实现。

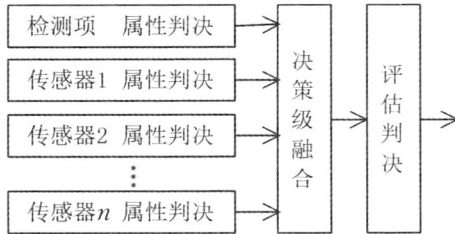

图4-4　决策级融合结构

4.信息融合体系结构设计

信息融合系统的结构可以抽象分为集中式和分布式两种。而分布式又可以根据融合单元的位置和数量、融合算法本身的特点及融合是否存在反馈分为多种结构，如分层结构、树状结构、完全分散式结构、并行分散式结构、带反馈分散式结构、无反馈分散式结构等形式。

本节以层次化指标体系的架构为基础，结合三个层次的融合结构剖析，将信息融合系统设计为一个集散式的信息融合体系结构，即分布式结构和集中式结构相结合的混合结构，如图4-5所示。

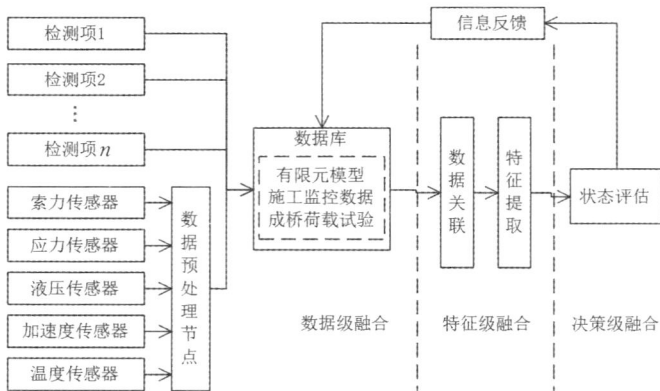

图4-5　桥梁状态评估系统的信息融合体系结构

图4-5中的体系结构以集中式的层次化指标体系为支撑，在各个节点的融合上采用分布式，并将融合结果反馈给数据级，达到了反馈控制的目的。这种结构结合了集中式和分布式的优点，系统既保留了尽量多的底层信息，又具有较好的可扩展性。具体地说：①从数据级融合结构来看，分布式结构

保证了系统的兼容性，传感器可根据需要进行增减，数据传输能力也较快。②从特征级融合结构来看，分布式结构便于灵活地采用不同算法进行特征融合处理。③整个集散式的信息融合结构采用闭环控制，将决策级的状态评估结果反馈给数据级融合和传感器管理层，使信息融合系统能够根据态势评估的结果来指导养护管理的相应工作和完成传感器管理工作。

三、指标体系的建立

由于跨海桥梁结构的复杂性，影响其安全性、耐久性和适用性的评估指标众多，为把复杂问题简单化，有必要从桥梁养护管理系统和长期监测系统中提炼出合理的评估指标，并对其进行分析、归类和分层，建立大跨度桥梁状态评估指标体系。

现行《公路桥梁技术状况评定标准》（JTG/T H21－2011）（以下简称《评定标准》）中主要针对中小跨径桥梁构建相应的指标体系，我们以跨海大桥中常出现的斜拉桥和悬索桥为例，说明大跨径桥梁指标体系建立的情况。

1.斜拉桥评估指标体系

斜拉桥指标体系分为三层，如图4-6所示。

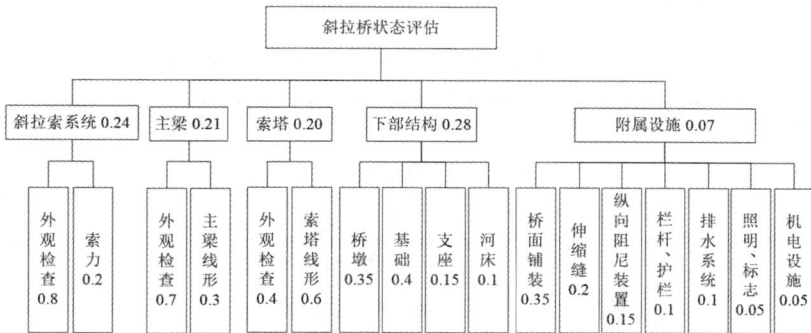

图4-6　某斜拉桥状态评估指标体系

第一层为目标层，为钢结构斜拉桥综合评估。

第二层为部件层，为斜拉桥五大主要部件，以体现斜拉桥结构特点。

第三层为子部件层，重点添加了部分监测指标和附属设施指标。对于斜拉索系统，添加了索力监测数据；对于主梁，添加了线形，由于应力测试只能反映钢箱梁局部的状态，尚不能体现结构的变化，因此在这里不取用；对于索塔，添加了塔顶偏位检测指标；对于下部结构，将支座放在这里，另外删除了调治构造物；对于附属设施，大跨径斜拉桥的附属工程包含的内容一般要多于普通桥梁，这里增加了纵向阻尼装置、机电设施。

2.悬索桥评估指标体系

对于悬索桥，许翔将悬索桥结构分为四层，分别为结构层、系统层、构件层和病害层。其中，结构层、系统层和构件层以结构特点分析为基础，而病害层以病害分析为基础。基于多源信息的大跨悬索桥状态评估指标体系详见表4-3。由表4-3可知，悬索桥整体被划分为7个独立的系统，分别为主缆系统、吊索系统、加劲梁、主塔、锚碇、下部结构和附属设施。每个系统由多个构件组成（例如，主缆系统包括主缆索股索力、主缆线形、索股钢丝和索鞍），系统层7个指标共对应构件层的31个指标。每个构件指标下对应其可能出现的若干病害，病害层指标数量较多，且随着桥梁运营年限的增加，会不断出现新的病害指标类型，故该层设计为开放性结构，方便今后对病害层进行扩充。该指标体系在规范相关规定的基础上，结合大跨悬索桥的结构特点，考虑可融合的无损检测、长期监测指标，丰富了评估体系中的评估指标类型，例如增加了主缆索力、检修设施等指标。

表4-3　基于多源信息的大跨悬索桥状态评估指标体系

结构层	系统层	构件层	病害层
悬索桥	主缆系统	索股索力	索力异常
		主缆线形	线形异常
		索股钢丝	钢丝锈蚀、断丝等
		索鞍	积水、锈蚀、连接松动
	吊索系统	索股索力	索力异常
		索股钢丝	劣化、剥落、钢丝锈蚀、断丝
		索夹	销轴轴套磨损、螺栓预紧力下降、开裂、锈蚀、滑移
		锚固装置	积水、锈蚀、开裂、漏油
		减震架	锈蚀、滑移

续表

结构层	系统层	构件层	病害层
悬索桥	加劲梁	振动	异常振动
		线形	线形异常
		涂装	劣化、剥落、积水
		正交异性板	锈蚀、变形、疲劳裂纹
		其他钢板	锈蚀、变形、裂纹
		螺栓	松动、缺失
	主塔	线形	线形异常
		塔柱	钢塔柱病害或混凝土塔柱病害
		下横梁	钢横梁病害或混凝土横梁病害
		上横梁	钢横梁病害或混凝土横梁病害
	锚碇	锚室	表观缺损、积水
		锚碇体	重力式锚碇病害或嵌岩锚病害
		锚固系统	锈蚀、裂纹、漏油
	下部结构	支座	PTFE板磨损、异常位移、螺栓剪断
		基础	桩基础病害或沉井基础病害
		河床	冲刷、堵塞、变迁
	附属设施	桥面铺装	开裂、车辙、鼓包、变形
		伸缩缝装置	滑块磨损、漏水、锈蚀、橡胶老化
		限位装置	中央扣锈蚀、连接松动;纵向阻尼器漏油、卡死;弹性索锈蚀
		桥面设施	照明设施功能缺陷、排水系统功能缺陷、栏杆护栏破损缺失、标志标线破损缺失
		机械和电力系统	功能失效
		检测和养护设施	功能失效

第二节　评定标准的建立

一、定性指标的评定标准

定性指标是指仅对对象做描述性评价的指标。定性指标的评定大多依赖检查人员的判断能力。为了提高评定准确性，评估标语宜进一步细化多个可评定维度，评语中应尽量包含对指标量化的描述。以球形钢支座为例，规范中的评定标准较为笼统，参考不同规范的要求，结合桥梁支座实际病害，可将支座病害分为四种，分别为位移转角超限组件，钢部件磨损、裂纹，组件或功能缺陷以及垃圾、杂物、积水、积雪，并给出较多的评定维度和定量化的描述。具体评定标准见表4-4至表4-7。表中最高评定标度为四类，前提条件是更换支座在大跨径斜拉桥的养护中属于四类——大中修。

表4-4　位移、转角超限的评定标准

标度	定性/定量描述	扣分值
1	完好	0
2	上承压板倾斜度肉眼可见	10
3	上承压板倾斜一边距离钢盆边<0.5mm	30
4	横桥向、纵桥向或竖向位移超限，或转角位移超限，或横向抗风支座缝隙超标	50

表4-5　钢部件磨损、裂纹的评定标准

标度	定性/定量描述	扣分值
1	完好	0
2	磨损凹陷≤1mm，或裂纹深度≤5mm	10
3	磨损凹陷>1mm且≤3mm，或裂纹深度>5mm且≤10mm	30
4	磨损凹陷>3mm，或裂纹深度>10mm， 四氟乙烯板厚度低于1mm	50

表4-6　组件或功能缺陷的评定标准

标度	定性/定量描述	扣分值
1	完好	0
2	①钢构件锈蚀面积≤2%； ②锚栓剪断,螺栓松动、缺失数量≤5%； ③底板与垫石间缝隙宽度≤2mm,深度>50mm； ④垫石破损面积<3%； ⑤砼塔及钢箱梁连接处轻微损伤	10
3	①2%<钢构件锈蚀面积≤5%； ②锚栓剪断,螺栓松动、缺失数量>5%且≤30%； ③底板与垫石间缝隙宽度>2.0mm,深度≥支座相应边长的25%； ④垫石破损面积>3%且≤10%； ⑤砼塔及钢箱梁连接处损伤较严重	30
4	①钢构件锈蚀面积>5%； ②锚钉或锚栓剪断,螺栓松动、缺失数量>30%； ④垫石破损面积>10%； ⑤砼塔及钢箱梁连接处损伤严重,影响支座正常工作	50

表4-7　垃圾、杂物、积水、积雪的评定标准

标度	定性/定量描述	扣分值
1	完好	0
2	堆积物堆积范围≤支座周长50%；防尘罩破损面积<10%	10
3	堆积物堆积范围>支座周长50%；防尘罩破损面积>10%	30

二、定量指标的评定标准

定量指标是指可量化的指标。例如钢材锈蚀面积、螺栓缺损率、混凝土强度、混凝土碳化深度、钢筋锈蚀电位等。由于各定量指标的单位不同,数量级不同,所以必须消除属性的量纲、数量级和属性类型对决策结果的影响,即对决策矩阵进行标准化处理。这个过程也称为"指标无量纲化"。

定量指标可分为三种:正指标、逆指标和适度指标。正指标指的是指标数值越大、评估结果越好的指标,包括混凝土强度、混凝土保护层厚度、混凝土电阻率等指标;逆指标指的是指标数值越小、评估结果越好的指标,包括螺栓缺损率、混凝土碳化深度等指标;适度指标指的是指标数值适中、评

估结果最好的指标，包括索力、挠度等指标。常用的函数模型有线性函数、指数函数、线段模型。

本书在以往研究的基础上，采用较为实用的线段模型。以《评定标准》中定量指标评定标准的病害严重程度量化值为横轴，以相应评定标度扣分值为纵轴，中间采用线性划分方式。这种分段线性扣分方式能够更客观地反映不同程度病害的扣分值，明确了病害程度与扣分值之间——对应的定量关系，使得扣分值具有更好的针对性及合理性。图4-7给出了三类指标的扣分方式。

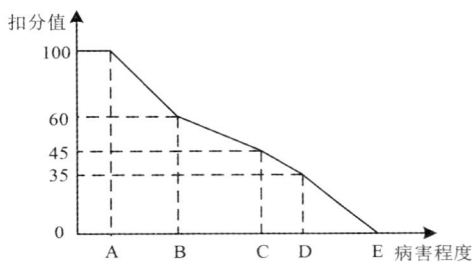

（a）正指标模型

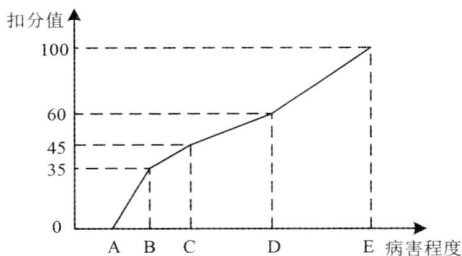

（b）逆指标模型

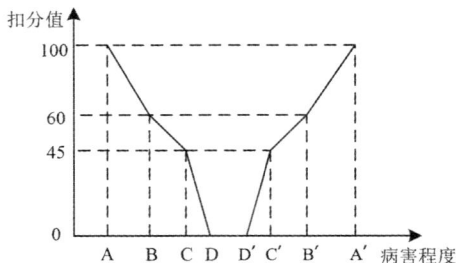

（c）适度指标模型

图4-7　线段无量纲模型

以钢箱梁高强螺栓缺损这一病害指标为例，图4-8给出了既有标准和本书方法的评定标准。从图中可以看出，本书提出的分段线性扣分方式能够更客观地反映不同程度病害的扣分值，尤其是在第一段（螺栓损失率≤1%），构件扣分值不再是统一的35分，而是从0到35分线性变化，《评定标准》中每个病害指标可依照该方法建立起多段线性扣分模式。

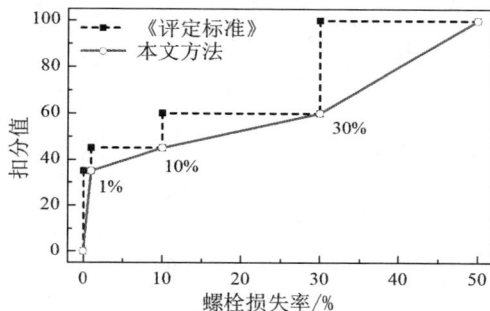

图4-8 螺栓缺损的评定标准

螺栓缺损率的评定标准也可按照下面公式进行计算：

$$U=\begin{cases} 0, & x=0 \\ 35x, & 0<x\leqslant 1 \\ \dfrac{10}{9}(x-1)+35, & 1<x\leqslant 10 \\ \dfrac{3}{4}(x-10)+45, & 10<x\leqslant 30 \\ 2(x-30)+60, & 30<x<50 \\ 100, & x=50 \end{cases} \tag{4-1}$$

式中：x为螺栓缺损率（%）；U为扣分值（0～100分）。

第三节　基于证据理论的斜拉桥评估算法

该方法以指标体系为基础，为了便于计算，这里将指标以P_i、P_{ij}、P_{ijk}为标记，其中i为第一层中第i个指标的编号，j为第二层中第j个指标的标号，k为第三层中第k个指标的编号。指标体系编号如图4-9所示。

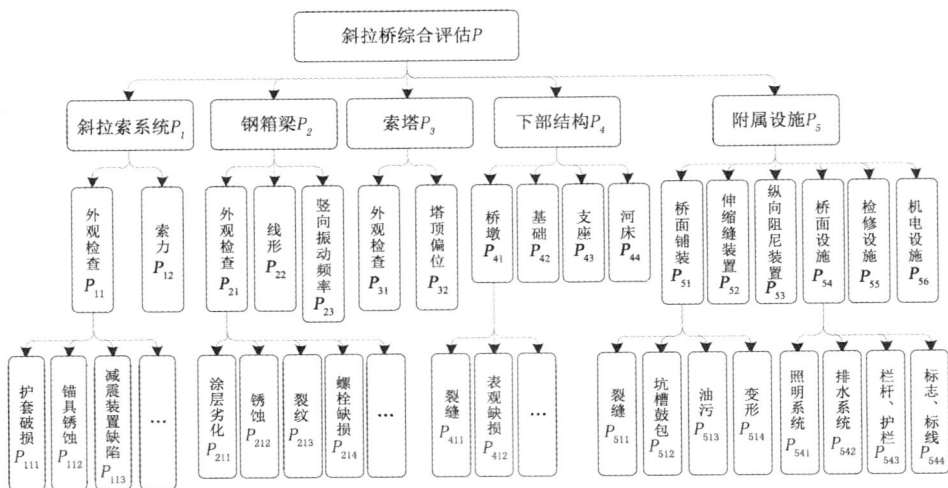

图4-9 评估指标编号

第二层指标的初始基本可信度可由模糊隶属度决定，因此，首先需要选定底层指标的隶属度函数。

一、指标的隶属度

在《评定标准》中，将斜拉桥综合状态分为1～5级，分别为1类、2类、3类、4类及5类。为与此分类相适应，斜拉桥综合状态评估的评语集合表示为 $E=\{e_1, e_2, e_3, e_4, e_5\}=\{1类，2类，3类，4类，5类\}$。以 P_{ij} 指标为例，其隶属度可表示为：

$$\mathrm{S}\left(P_{ij}\right)=\left\{\mu_{ij,n}\big| n=1,2,3,4,5\right\} \tag{4-2}$$

式中：$\mu_{ij,n}$ 为指标 P_{ij} 相对于评估等级 e_n 的模糊函数值。

隶属度函数的形式有很多，以往学者多采用三角形或梯形，而实际上，隶属度的变化符合非线性的特点，因此选择岭型分布函数更合适。在实际工程应用中，岭型分布也分为三种：升岭型分布、降岭型分布及中间型岭型分布。以指标 P_{11} 为例，其各级隶属度计算公式分别为式（4-3）～式（4-7）。

$$\mu_{11,1}=\begin{cases}\dfrac{1}{2}+\dfrac{1}{2}\sin\left[\dfrac{\pi}{7.5}\left(x-93.8\right)\right], & 90\leqslant x<97.5 \\ 1, & 97.5\leqslant x\leqslant 100\end{cases} \tag{4-3}$$

$$\mu_{11,2}=\begin{cases}\dfrac{1}{2}+\dfrac{1}{2}\sin\left[\dfrac{\pi}{10}(x-80)\right], & 75\leqslant x<85 \\ 1, & 85\leqslant x<90 \\ \dfrac{1}{2}-\dfrac{1}{2}\sin\left[\dfrac{\pi}{7.5}(x-93.8)\right], & 90\leqslant x\leqslant 97.5\end{cases} \tag{4-4}$$

$$\mu_{11,3}=\begin{cases}\dfrac{1}{2}+\dfrac{1}{2}\sin\left[\dfrac{\pi}{10}(x-60)\right], & 55\leqslant x<65 \\ 1, & 65\leqslant x<75 \\ \dfrac{1}{2}-\dfrac{1}{2}\sin\left[\dfrac{\pi}{10}(x-80)\right], & 75\leqslant x\leqslant 85\end{cases} \tag{4-5}$$

$$\mu_{11,4}=\begin{cases}\dfrac{1}{2}+\dfrac{1}{2}\sin\left[\dfrac{\pi}{10}(x-40)\right], & 35\leqslant x<45 \\ 1, & 45\leqslant x<55 \\ \dfrac{1}{2}-\dfrac{1}{2}\sin\left[\dfrac{\pi}{10}(x-60)\right], & 55\leqslant x\leqslant 65\end{cases} \tag{4-6}$$

$$\mu_{11,5}=\begin{cases}1, & 0\leqslant x<35 \\ \dfrac{1}{2}-\dfrac{1}{2}\sin\left[\dfrac{\pi}{10}(x-40)\right], & 35\leqslant x<45\end{cases} \tag{4-7}$$

也可根据图4-10确定其隶属于评估等级e_n的隶属度。

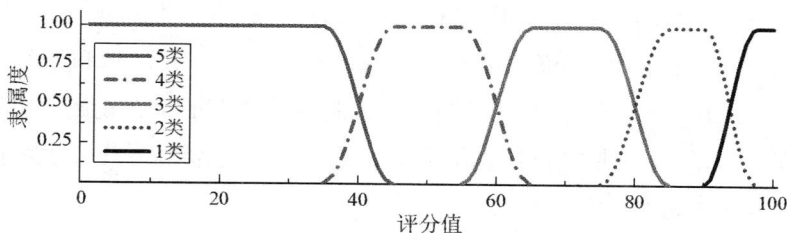

图4-10　二级指标的分级隶属度

在指标体系中，第二层指标的初始基本可信度由模糊隶属度函数方法赋值，结合初始基本可信度和权重的计算结果，计算第二层指标的基本可信度：

$$m_{ij,n}=\left[w_{ij}\big/\left(w_{ij}\right)_{\max}\right]\cdot\mu_{ij,n} \tag{4-8}$$

式中：$m_{ij,n}$为指标P_{ij}相对于评估等级e_n的可信度；w_{ij}为指标P_{ij}的权重值。

二、证据理论的合成规则

顶层和第一层的基本可信度由下层的证据合成得到。

识别框架 Θ 代表要研究的命题集合，定义 Θ 上的基本可信度函数 m：$2^{\Theta} \rightarrow [0,1]$，满足 $m(\varnothing)=0$，$\sum m(A)=1$。其中 $m(A)$ 为命题 A 的基本可信度。对于 T 个证据，利用 Dempster 组合规则合成得到的基本可信度为：

$$m_{1,e_n} = \frac{\sum\limits_{\mathbb{I}A_i=A} \prod\limits_{i=1}^{T} m_i(A_i)}{\sum\limits_{\mathbb{I}A_i \neq \varnothing} \prod\limits_{i=1}^{T} m_i(A_i)} \tag{4-9}$$

证据理论提供了一种不确定性信息综合处理的机制。Dempster 组合规则是证据理论的基石与核心。然而 Dempster 组合规则的使用条件较严格，要求证据之间必须相互独立且一致，辨识框架中的元素必须互斥且穷尽等，这些条件往往在实际应用中难以得到满足。在本书提出的斜拉桥技术状态评估过程中，有可能出现证据冲突的状况，在此情况下使用 Dempster 组合规则进行合成时，易导致结论偏差较大。而相关文献中并未述及这类问题。

针对 Dempster 组合规则在解决冲突问题时存在弊端的问题，在非桥梁领域也有一些学者提出了改进组合规则。较为经典的有斯梅茨（Smets）、耶格尔（Yager）、杜波伊斯和普拉德（Dubois & Prade）、德泽尔和斯马兰达凯（Dezert & Smarandache）等学者提出并以其名字命名的组合规则。上述规则仍存在一定的优劣性。本书结合桥梁上的实际情况给出一种改进的组合规则，尝试解决此类冲突问题。

首先，定义映射 M 为：

$$M(m_1(k), m_2(k)) = e_n \neq \varnothing \tag{4-10}$$

其中假定 $m_1(k) \cap m_2(k) = e_n$，或者 $e_n \subseteq m_1(k)$，或者 $e_n \subseteq m_2(k)$。可见，该映射允许将一个元素映射到 2^{Θ} 中的多个元素。

对于任意的 $e_n \subseteq \Theta$，以 P_1 指标为例，对应 e_n 等级的两个证据合成的基本可信度计算公式为：

$$m_{1,e_n} = \frac{\sum\limits_{M(B,C)=e_n} m_1(B) m_2(C)}{\sum\limits_{M(B,C) \in (2^{\Theta} \setminus \varnothing)} m_1(B) m_2(C)} \tag{4-11}$$

该方法中，等级允许将一个元素映射到 2^{θ} 中的多个元素，能够增强两个证据相似或相悖的状况，进一步提高评估的可靠性。

三、基于证据理论的评估算法

在确定了模糊隶属度和合成规则后，便可开展基于证据理论的综合评估，图4-11给出了基于证据理论的斜拉桥综合评估计算流程。

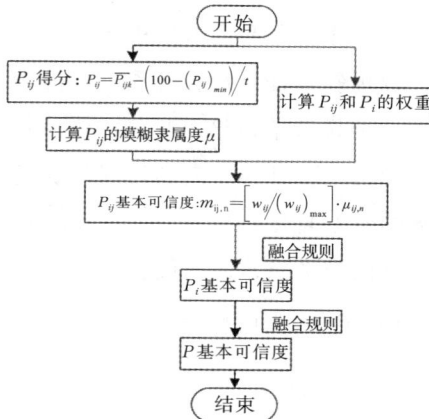

图4-11　基于证据理论的评估流程图

计算可分三步进行，具体步骤如下：

（1）参照《标定标准》中的构件扣分相关公式计算第二层指标的部件得分，并计算各自隶属度。

（2）利用层次分析法计算层次体系中第一层和第二层指标的权重。结合模糊隶属度和权重的计算结果，计算第二层指标的基本可信度。

（3）根据融合规则，计算第一层指标的可信度及顶层斜拉桥的总体评估结果。

第四节　斜拉桥评估案例

一、工程背景

以工程背景桥梁2013年的定期检查报告中发现的病害为基准，分别用

《评定标准》的方法及本书改进后的方法进行计算对比。经详细检测，此次检测出的病害表现为以下几个方面。

1. 钢箱梁病害情况

对于钢箱梁，12％的箱室出现涂装层劣化，单箱室最大劣化率是0.13％；4.2％的箱室出现锈蚀，单箱室最大锈蚀率是0.08％；73.6％的箱室出现斜腹杆开裂，最大裂纹长度达60厘米。桥梁建成之后，出现较大的问题是钢箱梁内纵隔板钢管过焊孔处由于应力集中等原因大多出现开裂，局部出现断裂现象。2012年，发现斜腹杆过焊孔开裂的情况较为突出，占斜腹杆总数量的25％。2013年底，原设计单位给出具体的维修加固设计方案，并对其进行维修、更换。截至2014年，结构恢复到较好的状况。

另外，历年检测到的桥梁自振频率在0.254～0.256Hz之间变动，结构的频率及阻尼比的变化趋势比较平稳，表明结构的整体性能并没有产生大的退化，该阶段结构处于正常运营的健康状态。

2. 主塔病害情况

索塔内的病害主要有壁板涂装层油漆脱落、锈蚀，高强螺栓上油漆脱落、锈蚀，偶尔出现螺栓缺失或者纵隔板裂纹。对于索塔，55.8％的箱室出现涂装层劣化，单箱室最大劣化率是0.27％；1.9％的箱室出现锈蚀，单箱室最大锈蚀率是0.005％；42.3％的箱室出现螺栓锈蚀或松动，单箱室最大破损率是9.4％。

相比钢箱梁，索塔的涂装层缺陷面积和螺栓锈蚀个数均多了许多，表4-8列出了2012年和2013年的主塔和钢箱梁内部的维修加固工程量统计情况。2012年检查结果显示，主塔内的高强螺栓锈蚀数量远远大于钢箱梁内部，主塔内的涂装层缺陷的修补工程量相比钢箱梁内部也较多。另外，从2013年检查结果可以看出，经过修补后，主塔和钢箱梁第二年的涂装层状况维持较好。因此，及时做好涂装层缺陷（脱落、开裂、锈蚀）的修补工作对于维持结构的技术状况及降低后期的养护成本是大有裨益的。

表4-8　2012年和2013年的维修加固工程量统计表

检查时间	桥梁构件名称	高强螺栓锈蚀（个）	涂装层缺陷的修补工程（平方米）
2012年8月—9月	主塔	190	10.27
	钢箱梁内部	4	3.14
2013年11月—12月	主塔	130	1.05
	钢箱梁内部	4	2.29

3.斜拉索系统及索力检查情况

斜拉索系统出现的病害有斜拉索钢护筒防护漆脱落，锚头防腐油脂渗漏、螺栓缺失、松动，锚头钢垫板锈蚀，下锚头内海绵均老化、碎裂，阻尼器钢垫板涂装层开裂、脱落，阻尼器错位变形等。其中最常见的外观病害就是防腐油脂渗漏，需要持续关注防腐油脂的劣化情况。对于斜拉索系统，16.1％的钢护筒出现防护漆脱落，16.7％的阻尼器出现涂层劣化，8.3％下锚头出现防腐油脂渗漏。

针对索力，每年该桥选取部分斜拉索进行索力振动法测试。结果表明：结构索力总体表现平稳，上游侧索力测试总和与下游侧索力测试总和基本一致，不均匀度不超过单侧总索力的2％；与成桥初始索力结果相比，索力变化较小，单根最大变化不超过成桥索力的8％，且正负差值分布随机，变化无明显规律。

4.下部结构状况

对于桥墩，盖梁有一处混凝土破损，破损面积为0.05平方米；对于支座，31.8％的支座出现垫石混凝土破损，轻微螺栓锈蚀、缺失，局部钢垫板锈蚀等病害。

5.桥面系检查情况

该桥桥面附属设施基本保持较好的技术状况。在桥面铺装的检查中，仅检查出几处病害，包括桥面油污、坑槽、破损、纵向裂缝。在支座的检查中，出现的主要病害是表观的脏污锈蚀等。在伸缩缝的检查中，除了垃圾填塞的问题，结构组件基本保持完整，部分橡胶条老化。在栏杆、护栏的检查中，最常见病害是防锈漆脱落，2.3％的护栏出现防护漆脱落，个别出现变形。

二、评估计算结果对比

综合本次桥梁外观检查结果，分别依据《评定标准》和改进的方法对该桥进行评定，依据《评定标准》方法进行计算的结果见表4-9。

表4-9 《评定标准》评定结果

部位	类别	评价部件	评分值	评定等级	结构评分	总体评分
上部结构	1	斜拉索系统	78.2	3	71.0	85.3
	2	主梁	45.7	4		
	3	索塔	77.8	3		
	4	支座	88.1	2		
下部结构	5	翼墙、耳墙	无此构件	无	97.6	
	6	锥坡、护坡	无此构件	无		
	7	桥墩	94.9	2		
	8	桥台	无此构件	无		
	9	墩台基础	100	1		
	10	河床	100	1		
	11	调治构造物	无此构件	无		
桥面系	12	桥面铺装	87.5	2	89.6	
	13	伸缩缝装置	91.1	2		
	14	人行道	无此构件	无		
	15	栏杆、护栏	84.8	2		
	16	排水系统	92.8	2		
	17	照明、标志	100	1		

采用基于证据理论的评估方法进行评定。根据相应计算步骤，首先确定指标的权重和初始基本可信度，见表4-10。

表 4-10　各指标的权重和初始基本可信度

1级指标	2级指标	初始基本可信度				
		μ_1	μ_2	μ_3	μ_4	μ_5
P_1 0.24	$P_{11}(0.80)$	0.1	0.9	0	0	0
	$P_{12}(0.20)$	0	1	0	0	0
P_2 0.21	$P_{21}(0.63)$	0	0	0	1	0
	$P_{22}(0.27)$	0.39	0.61	0	0	0
	$P_{23}(0.10)$	1	0	0	0	0
P_3 0.20	$P_{31}(0.40)$	0	1	0	0	0
	$P_{32}(0.60)$	1	0	0	0	0
P_4 0.28	$P_{41}(0.35)$	0.86	0.14	0	0	0
	$P_{42}(0.40)$	1	0	0	0	0
	$P_{43}(0.15)$	0	1	0	0	0
	$P_{44}(0.10)$	1	0	0	0	0
P_5 0.07	$P_{51}(0.35)$	0.05	0.95	0	0	0
	$P_{52}(0.20)$	0.34	0.66	0	0	0
	$P_{53}(0.15)$	1	0	0	0	0
	$P_{54}(0.20)$	0	1	0	0	0
	$P_{55}(0.05)$	1	0	0	0	0
	$P_{56}(0.05)$	1	0	0	0	0

然后对桥梁进行综合评估，得到五大类部件及总体的最终基本可信度如图 4-12 所示，而根据改进评定方法得到的基本可信度数值结果亦在图中用白框在相应位置标记出来。

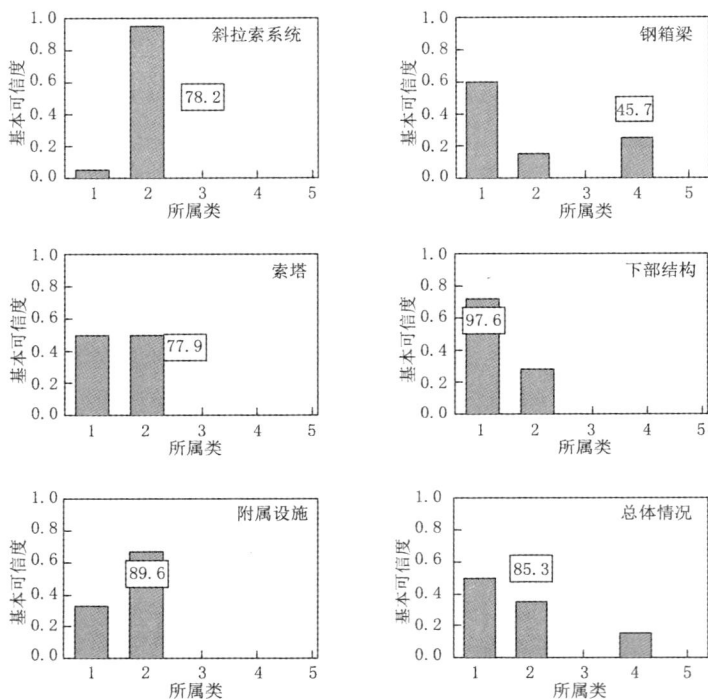

图 4-12　现行《评定标准》和融合评估方法的主要部件结果对比

根据图 4-12 的结果，对比融合评估方法和现行标准评估方法可以看出，两者存在一定差别。下面分别述之。

（1）对于斜拉索系统，最高可信度为 0.95，属于 2 类。这反映出斜拉索子指标中外观检查和索力监测评估结论较为一致，因此合成的可信度较高。基于评定标准的方法得到的斜拉索评分为 78.2，属于 3 类，而目前斜拉索仅是小修，评分过严。

（2）对于钢箱梁，可信度较为分散，这是由于子指标之间存在评分差异大的情况，在融合评估结果中，钢箱梁外观检查偏于 4 类，线形偏于 2 类，振动频率属 1 类。实际工程中，钢箱梁出现了少量涂层劣化和较多腹杆开裂，但是结构并未发现明显永久性变形，振动特性良好，将其归为 4 类则过严。融合可信度低提醒管理人员需进一步检查子指标的评定结果，便于做出更准确的决策。

（3）对于索塔，由于索塔的子指标之间存在冲突状况，外观检查状况较恶劣，塔顶偏位状况较好，因而合成的可信度较低。基于评定标准的方法得到的索塔评分为 77.9，这是由同一构件多种病害的合成分数低很多造成的评分低的结果。实际工程中采取的是小型修补工程，将其归为 3 类则过严。

（4）对于下部结构、附属设施，多是轻微病害，大多可以采取保养、局部小修的方案予以处置。两者评定结果相似，但是本书的附属设施的子项目包含更多信息。

（5）对于总体状况，可信度分散且低，这也提醒养护单位应关注子部件的状况。

综合来看，斜拉桥总体状况良好。本书通过融合评估方法计算得到的类别属向更为合理，且可信度集合相比一个得分值更能综合地表达结构的状况，当可信度较低时需关注下一层指标的差异状况。

第五章

荷载和环境共同作用下跨海大桥性能退化

　　跨海大桥地处海洋环境，在桥梁的实际运营过程中，由于车辆等疲劳荷载作用以及环境的腐蚀作用，导致跨海大桥的病害日趋严重，结构承载力不断下降。如果不能准确估算该类桥梁的使用寿命，可能会导致突然性的桥梁倒塌事故，造成较大的社会影响和经济损失。因此，对锈蚀与疲劳共同作用下跨海大桥（尤其是混凝土桥梁部分）剩余使用寿命的研究具有重要的理论和工程意义。

第一节　问题的提出

　　国内外学者已对混凝土桥梁的锈蚀和疲劳问题做了较多研究，主要是对单一因素进行分析，在锈蚀和疲劳组合效应方面，则主要考虑两者的简单叠加，未考虑两者的相互促进关系。事实上，锈蚀的产生导致钢筋截面削弱，进而导致疲劳应力增加，而疲劳损伤又会反过来进一步使锈蚀加剧。

　　鉴于此，本章分析了锈蚀和疲劳之间的共同作用，推导了考虑锈蚀和疲劳损伤的钢筋混凝土受力表达式，提出了同时考虑锈蚀和疲劳的梁桥承载力时变评估方法，并与有限元结果进行了对比，通过实桥算例验证了所提方法的可靠性。

第二节　钢筋锈蚀与疲劳损伤本构模型

　　为研究在役钢筋混凝土桥梁的剩余使用寿命计算方法，首先需建立材料在锈蚀和疲劳共同作用下的损伤本构模型，钢筋混凝土桥梁涉及的材料是混凝土和钢筋，本书仅考虑混凝土在疲劳作用下的损伤本构模型。

一、锈蚀作用下的钢筋损伤值

根据强度－有效截面积等效换算法，假定钢筋疲劳强度损伤率等效于强度不变条件下的截面积损伤率。根据钢筋锈蚀"剥壳效应"，定义其为钢筋锈蚀仅对钢筋周边的表面造成侵蚀破坏，剔除钢筋锈蚀外壳后，内部剩余的钢筋力学性能不变。钢筋锈蚀后截面损失率 η_s 如下：

$$\eta_s = \frac{A_t}{A_0} = \frac{\pi \cdot r^2 - \pi \cdot (r-\delta)^2}{\pi \cdot r^2} = 1 - \left(1 - \frac{\delta}{r}\right)^2 \tag{5-1}$$

式中：A_t 为钢筋锈蚀减少的面积，r 为钢筋疲劳锈蚀前有效半径（mm），δ 为钢筋锈蚀深度（mm）。

由规范可知：①当钢筋锈蚀截面损失率 $\eta_s < 5\%$ 且锈蚀比较均匀时，可取未锈蚀钢筋的强度；②当钢筋锈蚀截面损失率 $5\% < \eta_s < 12\%$，或 $\eta_s < 5\%$ 且锈蚀不均匀时，可按下式计算：

$$f_{yc} = \frac{1 - 1.077\eta_s}{1 - \eta_s} \cdot f_y \tag{5-2}$$

式中：f_{yc} 为锈蚀后钢筋的屈服强度。

于是，结合上式钢筋屈服强度与锈蚀截面损失率的关系及 $f_{yc} = f_y \cdot (1 - D_1)$，得到钢筋锈蚀损伤量为：

$$D_1 = \begin{cases} 0, & \eta_s \leqslant 5\% \text{且锈蚀比较均匀} \\ \dfrac{0.077\eta_s}{1 - \eta_s}, & 5\% < \eta_s \leqslant 12\%，\text{或} \eta_s \leqslant 5\% \text{且锈蚀不均匀} \end{cases} \tag{5-3}$$

本书基于保守考虑，认为锈蚀截面损失率小于5%时，锈蚀不均匀，因此 D_1 不取0。

二、疲劳荷载作用下的钢筋损伤值

根据疲劳累积损伤理论和材料剩余强度理论，每一次疲劳循环都会对材料和结构造成不可逆的疲劳损伤，进而导致材料和结构静力强度的退化，当剩余强度降低到等于循环应力幅上限值时就会造成疲劳破坏。本书选取沙夫（J.Schaff）等人建立的剩余强度公式，该模型特点是符合剩余强度模型的基本条件，且参数简单，容易确定。

经过 n 次等幅疲劳应力作用后，钢筋的损伤值为：

$$D_2 = \left(1 - \frac{\sigma_{s,\max}}{f_y}\right)\left(\frac{n}{N_{s,f}}\right)^{\alpha} \tag{5-4}$$

式中，f_y 代表钢筋的屈服强度，$\sigma_{s,\max}$ 为疲劳荷载下的应力幅上限值，$N_{s,f}$ 为疲劳寿命，α 为常数。

当缺乏相应疲劳试验时，钢筋疲劳寿命可由公式(5-5)确定。

$$\begin{cases} \lg N_s = 15.1348 - 4.3817\lg(\Delta\sigma_s), & N_s < 10^7 \\ \lg N_s = 18.8471 - 6.3827\lg(\Delta\sigma_s), & N_s \geqslant 10^7 \end{cases} \tag{5-5}$$

式中：$\Delta\sigma_s$ 为钢梁疲劳应力幅。

三、锈蚀和疲劳共同作用下钢筋强度计算

事实上，钢筋疲劳和锈蚀损伤不是简单的"1+1"的叠加，而是相互促进造成了"1+1>2"的结果。如当锈蚀损伤造成钢筋截面积减小后，本应由发生锈蚀钢筋截面承受的疲劳作用转由锈蚀后剩余钢筋截面承担，从而加速了剩余钢筋截面的疲劳损伤，如图5-1所示。

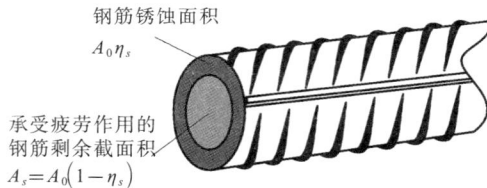

图5-1　锈蚀钢筋截面示意图

由于钢筋锈蚀过程是连续的，为了便于研究分析其在环境侵蚀和交通荷载作用下的过程，将钢筋混凝土梁的服役期离散成各个时间段。由于钢筋锈蚀过程较慢，交通量统计一般以1年为单位，因此，钢筋疲劳和锈蚀的耦合过程可离散为时间段为 $\Delta t = 1$ 年。以常幅应力循环（应力幅上限为 $\sigma_{\max}$）作用下的钢筋锈蚀疲劳过程为例，进行锈蚀与疲劳耦合效应分析。

每一年钢筋锈蚀造成截面积减小，则疲劳加载应力幅上限值增大，那么对应的理论结构寿命会缩短，因此，每一年需要在前一年的基础上迭代计算。

第1年初，钢筋未锈蚀，这一年内钢筋的屈服强度值为：

$$f_{yc}(1) = f_y \cdot \left[1 - \left(1 - \frac{\sigma_{s,\max}}{f_y} \right) \left(\frac{n(1)}{N_{s,f}(1)} \right)^a \right] \tag{5-6}$$

第2年初，这一年内钢筋的屈服强度值为：

$$f_{yc}(2) = f_y \cdot \left[1 - \frac{0.077\eta_s(2)}{1 - \eta_s(2)} - \sum_{i=1}^{2} \left(1 - \frac{\sigma_{s,\max}}{f_y(1 - \eta_s(i))} \right) \left(\frac{n(2)}{N_{s,f}(i)} \right)^a \right] \tag{5-7}$$

第t年初，钢筋疲劳和锈蚀后的剩余强度为：

$$f_{yc}(t) = f_y \cdot \left[1 - \frac{0.077\eta_s(t)}{1 - \eta_s(t)} - \sum_{i=1}^{t} \left(1 - \frac{\sigma_{s,\max}}{f_y(1 - \eta_s(i))} \right) \left(\frac{n(i)}{N_{s,f}(i)} \right)^a \right] \tag{5-8}$$

式中：$\eta_s(i)$为第i年初的钢筋锈蚀截面损失率，$\eta_s(1) = 0$；$n(i)$为第i年内车辆加载次数；$N_{s,f}(i)$为第i年查钢筋疲劳$S-N$曲线，钢筋疲劳应力幅值上限$\dfrac{\sigma_{s,\max}}{1 - \eta_s(i)}$加载时对应的疲劳寿命。

第三节　混凝土疲劳损伤本构模型

混凝土本构关系采用Hongnestad表达式，如公式（5-9）所示。该曲线的上升段为抛物线，下降段为斜直线。

$$\sigma = \begin{cases} \sigma_0 \left[2\left(\dfrac{\varepsilon}{\varepsilon_0} \right) - \left(\dfrac{\varepsilon}{\varepsilon_0} \right)^2 \right], & \varepsilon \leqslant \varepsilon_0 \\[3mm] \sigma_0 \left[1 - 0.15\left(\dfrac{\varepsilon - \varepsilon_0}{\varepsilon_\mu - \varepsilon_0} \right) \right], & \varepsilon_0 \leqslant \varepsilon \leqslant \varepsilon_\mu \end{cases} \tag{5-9}$$

式中：$\sigma_0 = 0.85 f_c'$，f_c'为混凝土圆柱体抗压强度，$\varepsilon_0 = 2\sigma_0/E_0$，$E_0$为初始弹性模量，$\varepsilon_\mu$可取0.003。

依然采用沙夫（J.Schaff）等人建立的剩余强度公式，得到混凝土疲劳n次时的剩余强度：

$$\sigma_r(n) = \sigma_0 \left[1 - \left(1 - \frac{\sigma_{c,\max}}{\sigma_0} \right) \left(\frac{n}{N_{c,f}} \right)^\beta \right] \tag{5-10}$$

式中：$\sigma_{c,\max}$ 为疲劳最大应力，$N_{c,f}$ 为疲劳寿命，β 为常数。

对于混凝土，第 t 年混凝土的剩余强度：

$$\sigma_r(t) = \sigma_0 - \sigma_0 \sum_{i=1}^{t} \left[\left(1 - \frac{\sigma_{c,\max}(i)}{\sigma_0} \right) \left(\frac{n(i)}{N_{c,f}(i)} \right)^{\beta} \right] \tag{5-11}$$

式中：$N_{c,f}(i)$ 为第 i 年查混凝土疲劳 $S-N$ 曲线，混凝土第 i 年的疲劳应力幅值上限 $\sigma_{c,\max}(i)$ 加载时对应的疲劳寿命。

本书采用奥斯－雅各布森（Aas-Jakobsen）提出的混凝土抗压疲劳强度计算公式，该公式已被工程界普遍采用：

$$S_{\max} = 1 - \alpha(1 - R)\lg N_c \tag{5-12}$$

式中：$S_{\max} = \sigma_{\max}/f_c$，$f_c$ 为混凝土圆柱体抗压强度；$R = \sigma_{\min}/\sigma_{\max}$，$\alpha$ 为材料常数，根据疲劳试验结果得出，当疲劳应力比 $R < 0.8$ 时，α 可取 0.0685。

第四节　混凝土桥梁剩余强度计算方法

本节基于有限元模型，进行疲劳车辆荷载谱加载，以年为单位加载每种类型车辆，加载次数为这一年中该车辆出现的频次。对于 m 种疲劳车型，每种疲劳车型可按照上述公式计算得到相应的损伤值，依据 Miner 线性累积损伤准则，进而得到第 i 年所用的本构模型，以年为单位，对该本构模型进行修正，主要修正本构模型由于锈蚀和疲劳造成的强度退化，并将修正后的模型再次导入有限元模型计算，通过更新迭代混凝土和钢筋的本构模型，记录每一次迭代过程产生的损伤，反映结构的退化趋势，当损伤度达到 0.6 时，判定结构发生破坏，此时记录为结构的寿命。具体的计算分析流程如图 5-2 所示。

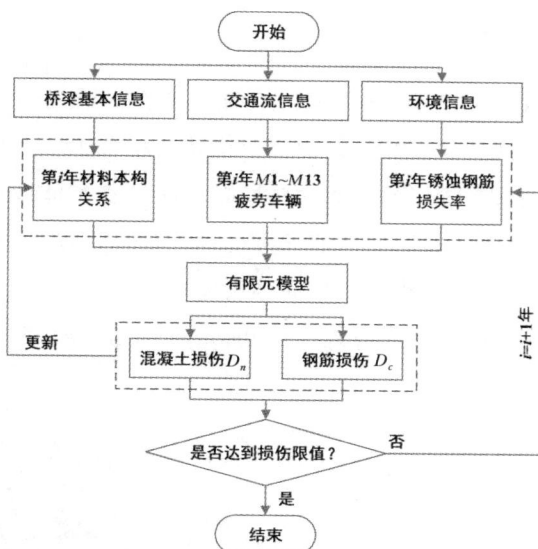

图5-2　总体计算分析流程图

第五节　某钢筋混凝土连续箱梁桥实桥验证

一、桥梁概况

工程背景桥梁选取一座钢筋混凝土连续箱梁桥，该桥始建于2000年，桥梁跨径布置为（23+2×25+23）米，桥梁全宽10米，单向双车道。钢筋混凝土主梁梁高1.5米，强度等级为C30。荷载标准：汽-超20，挂-120。桥梁截面如图5-3所示。

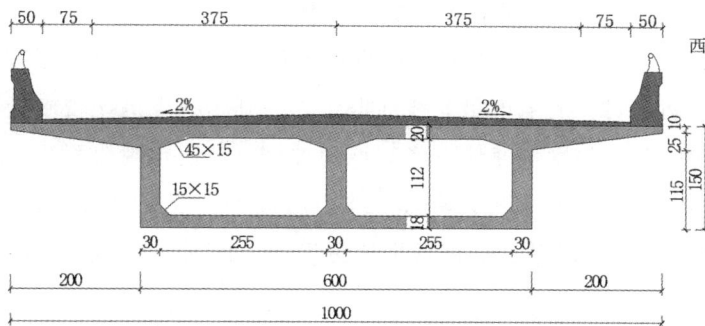

图5-3滨海地区某钢筋混凝土桥梁图(单位:m)

二、有限元模型

为提高计算效率，基于 ABAQUS 有限元软件，通过多尺度单元有限元建模方法，建立该桥多尺度有限元模型。中跨跨中段为实体单元，其余梁段为梁单元，梁单元与实体单元之间通过刚域连接，在实体段通过内嵌单元方式，嵌入了钢筋骨架（如图 5-4 和图 5-5 所示），全桥共分 54231 个单元、59452 个节点。混凝土单元类型为六面体实体单元（C3D8R），钢筋采用桁架单元（T3D2），通过内嵌单元方式（Embedded Region），在梁段内嵌入钢筋骨架梁单元（S4R）。

图 5-4　某桥全桥有限元模型图　　　　5-5　实体段钢筋骨架

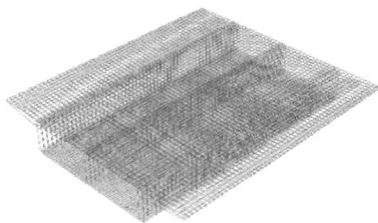

三、桥梁剩余承载力计算

基于 WIM 动态称重系统对背景桥梁进行连续 28 天不间断的交通数据实测，分析确定出 13 种疲劳车辆荷载模型。根据交通量计算公式，计算得到不同车型各年份的累积交通量，将 13 种疲劳车型按最不利布载加载至模型中，计算在不同疲劳车型作用下的混凝土和主筋应力幅值，根据上节损伤累积计算公式，得到混凝土和钢筋材料的剩余强度。

图 5-6 给出了混凝土和钢筋材料的剩余强度随桥梁运营时间的退化情况。由图可知，两种材料的强度呈非线性退化，一开始强度退化较慢，当接近于疲劳寿命时，剩余强度快速地下降。该两种材料的退化规律可用于后续混凝土梁剩余承载力的计算，可计算任一运营时间下的混凝土梁的剩余承载力。假设当损伤度达到 0.6 时，结构发生疲劳破坏，此时对应的结构运营时间约为 84 年。

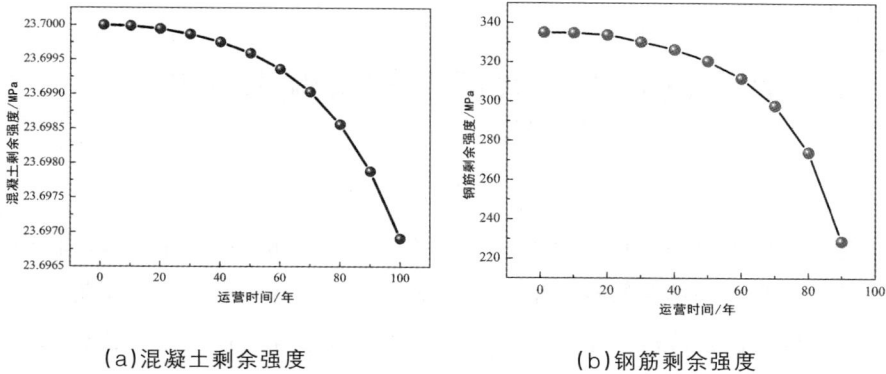

（a）混凝土剩余强度　　　　　　　（b）钢筋剩余强度

图5-6　两种材料剩余强度退化情况

根据上节中混凝土材料的剩余强度和钢筋材料的剩余强度，同时通过钢筋混凝土梁弹塑性理论计算箱梁正截面抗弯承载力，如图5-7所示。

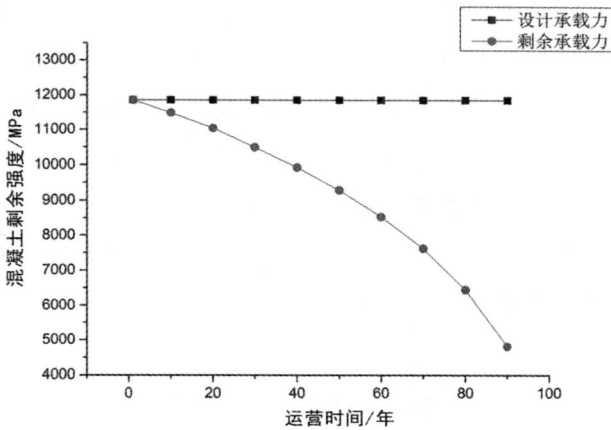

图5-7　结构剩余承载能力退化情况

箱梁正截面的抗弯承载力随年份的增加呈下降趋势，且退化符合"先慢后快"的退化规律。当运营时间为90年时，箱梁的剩余承载力仅为初始的40.5%，下降幅度明显，可见在设计时不可忽略疲劳和锈蚀对箱梁承载力退化作用的影响。

第六章

特殊车辆荷载下跨海大桥引桥抗倾覆分析

　　跨海大桥引桥的建造受限于施工环境，多采用独柱墩支承方式，使得其在运营期间存在因超载特殊车辆而倾覆的隐患，因此，有必要对匝道桥上特殊车辆行驶工况及施救工况进行模拟，分析抗倾覆能力以及验算桥面板局部内力，从而为实际施救过程中吊机车辆的选型和摆放位置提供参考性建议。

第一节　问题的提出

　　跨海大桥引桥在建设过程中，受地形、地物、占地面积和景观等因素影响，桥墩常采用独柱支承方式，以减少土地占用，改善下部结构布局，缓解桥梁基础与地下建筑位置冲突，增加视野及桥型美观度。而且独柱墩桥梁工程量相对较小，特别是跨线斜交时可采用较小跨径跨越，较为经济。在基建条件有限的情况下，这类桥梁往往成为唯一选择。

　　不过，随着我国经济不断发展，交通流量、车辆载重不断增大，特别是大型货车车辆超载现象频发，独柱墩桥梁倾覆事故也渐渐增多。（见表6-1和图6-1）。

表6-1　近些年的典型桥梁倾覆事故

时间	位置	桥梁	下部结构	结构破坏情况
2007年10月	内蒙古包头	高架桥	小间距双支座+花瓶墩	三辆单车重约100吨的重车偏载通行，主梁绕中心轴一侧支座倾覆，钢主梁、混凝土桥墩无结构性破坏。
2009年7月	天津	互通立交A匝道	单支座+独柱墩	三辆单车重约140吨的重车偏载通行，桥梁整体倒塌，倒塌后的桥梁结构整体性基本完好。
2010年11月	江苏南京	互通立交	小间距双支座	受拉支座锚栓未灌浆，梁体与桥墩间无锚固连接；浇筑护栏产生了偏心荷载，使得钢箱梁侧翻坠落。

续表

时间	位置	桥梁	下部结构	结构破坏情况
2011年2月	浙江上虞	春晖互通立交	单支座+独柱墩	三辆单车重约120吨的重车偏载通行,梁体发生扭转倾斜并向右侧滑移,结构整体性基本完好。
2012年8月	黑龙江哈尔滨	高架匝道桥	单支座+独柱墩	四辆单车重约120吨的重车偏载通行,主梁翻落至地面,结构整体性基本完好,盖梁局部破损。
2015年6月	广东河源	匝道桥	单支座+独柱墩	四辆载重分别为76.41吨、111.46吨、102.87吨和108.89吨的大货车偏载通行,主梁翻落至地面,结构整体性基本完好。
2019年10月	江苏无锡	高架桥	双支座+花瓶墩	187吨的重车偏载通行,主梁翻落至地面,结构整体性基本完好。
2021年12月	湖北鄂州	高速匝道桥	单支座+独柱墩	三辆大货车偏载通行,其中一辆重达198吨,主梁翻落至地面,结构整体性基本完好。

图6-1　湖北鄂州市高速匝道桥倒塌事件

　　另外，车辆的大型化和重载化使施救起吊车辆也相应呈现大吨位特征，因此，重型车辆事故施救特殊工况下的荷载作用是桥梁结构的主要不安全因素（如杭州湾跨海大桥南接线G15在2011年曾发生大型运输危化品车辆在桥梁段侧翻事故，就涉及吊车现场如何摆放对桥梁结构影响最小的问题），尤其是桥梁中最薄弱节点——设独柱式桥墩的匝道桥梁，当重型车辆及车辆事故施救特殊荷载（吊机等）作用时，小半径独柱式匝道桥仍然存在梁体倾覆的风险。而桥梁设计规范中未对特殊荷载的倾覆稳定性做出相关规定。

综上所述，有必要对匝道桥事故施救过程中的不安全因素进行管理和控制，避免事故施救时发生二次事故；规范事故救援车辆的位置摆放，提高事故救援效率，减少事故施救风险；避免在高速公路运营期间产生匝道桥梁因重型事故车辆施救而出现倾覆性坍塌的恶性事件。

第二节　特殊车辆荷载下典型匝道桥抗倾覆能力分析

以一个小半径匝道桥为例，验算不同工况下结构的受力情况。

该桥位于 R＝60 米的右偏圆曲线上，跨径布置为 4×20 米，桥面宽度为 0.5 米（防撞护栏）＋7.25 米（行车道）＋0.5 米（防撞护栏）；上部结构为钢筋混凝土连续箱梁，混凝土等级为 C50，梁高 1.4 米；下部结构为独柱式桥墩。支座布置形式：5 号墩、9 号墩为双支座，6～8 号墩为单支座，如图 6-2 所示；支座间距：5 号、9 号墩支座间距 3 米；6～8 号墩支座沿桥梁中心线布置。设计荷载等级为汽车荷载公路 I 级。

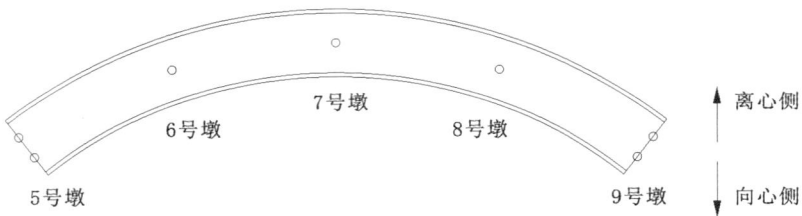

图 6-2　某互通匝道桥墩台布置情况

一、验算工况

为准确计算箱梁支撑反力，进行上部结构建模，研究人员利用 Midas Civil 分析软件实现对桥梁上部结构的模拟，全桥模型共划分节点 87 个，单元 79 个。根据桥梁竣工图纸提供的桥梁平曲线参数确定桥梁结构节点坐标，结构模型如图 6-3 所示。

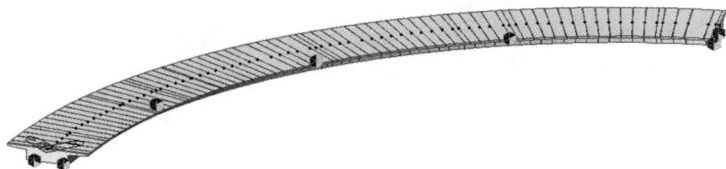

图6-3 结构模型

根据对危化品车辆及施救吊机的调研分析结果，在此主要考虑两种情况：一是在行驶状态下，两种吊机（100吨和200吨）和三种大吨位车型（31吨、40吨、50吨）组合下的不利工况；二是在起吊状态下，两种吊机（100吨和200吨）和三种大吨位车型（31吨、40吨、50吨）组合下的不利工况，其中31吨货车和40吨罐车按不可解体车型考虑，50吨牵引拖挂车按可解体车型考虑。由此，本次验算以下七种工况，如表6-2所示。

表6-2 七种验算工况

工况号	具体加载荷载	说明
工况一	恒载+公路 I 级荷载	本工况为标准设计荷载
工况二	恒载+31吨4轴重型货车+100吨吊车（自重54吨）	模拟31吨货车翻车，吊车上桥
工况三	恒载+40吨4轴罐式货车+200吨吊车（自重72吨）	模拟40吨罐式货车翻车，吊车上桥
工况四	恒载+50吨6轴牵引拖挂车+100吨吊车（自重54吨）	模拟50吨罐式货车翻车，吊车上桥
工况五	恒载+31吨4轴重型货车+100吨吊车（自重54吨+32吨配重）	模拟31吨货车翻车，吊车起吊
工况六	恒载+40吨4轴罐式货车+200吨吊车（自重72吨+65吨配重）	模拟40吨罐式货车翻车，吊车起吊
工况七	恒载+50吨6轴牵引拖挂车+100吨吊车（自重54吨+32吨配重）	模拟50吨拖挂车翻车，吊车起吊

在此，假设吊车上桥时处于桥梁倾覆侧，且与事故车辆前后车距为1米，此时吊车前轴与事故车辆后轴之间的轴距约为6米。而吊车起吊时，由于受到桥梁桥面宽度的限制，同时预留支腿钢垫板摆放空间，所以吊机横向支腿跨距取5米，工况二～工况七车辆布载情况如图6-4所示。

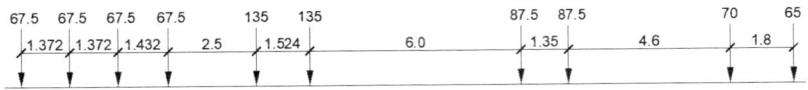

（a）工况二

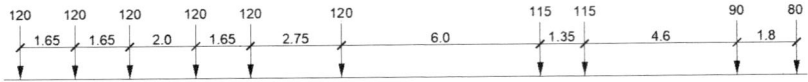

（b）工况三

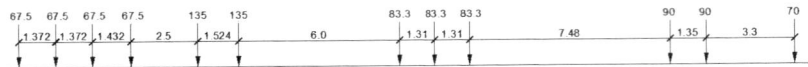

（c）工况四

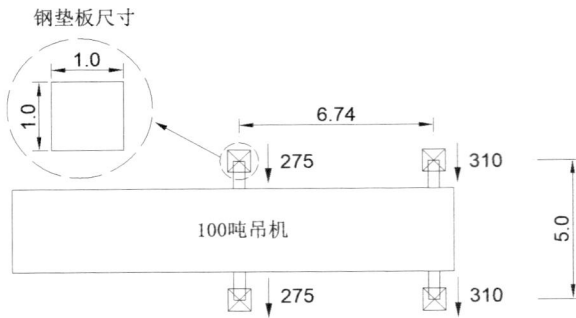

（d）工况五

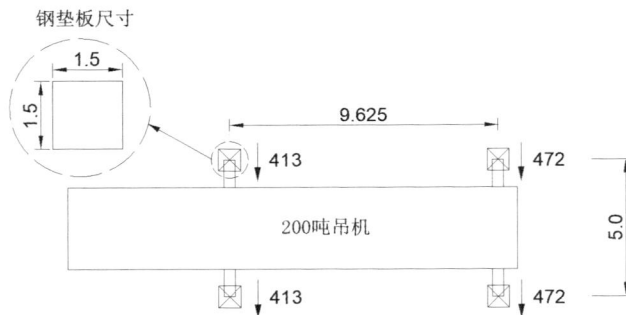

（e）工况六

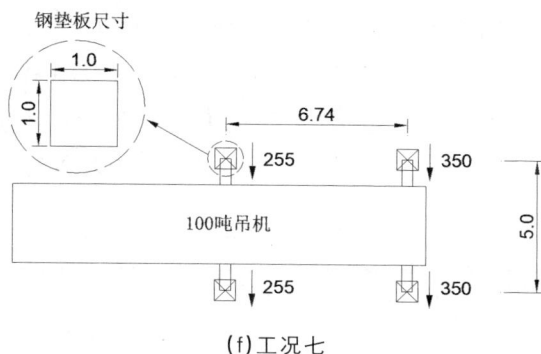

(f)工况七

图6-4 工况二～工况七车辆布载(单位:轴距/m,轴重/kN)

二、计算结果

1.支座支反力

根据桥梁抗倾覆的受力特点,首先计算桥梁结构在成桥状态下的恒载支反力,然后分别对上述各工况汽车荷载进行加载,计算恒载与各工况汽车荷载作用下的支反力,如表6-3所示。

表6-3 支座最小支反力

单位: kN

项目	工况一	工况二	工况三	工况四
5号墩离心侧支座	471.6	471.6	471.6	471.6
5号墩向心侧支座	119.6	136.0	−50.5	31.8
6号墩支座	3092.2	3087.0	3060.8	3085.7
7号墩支座	2428.4	2459.3	2427.0	2457.2
8号墩支座	3090.8	3092.8	3061.7	3091.9
9号墩离心侧支座	450.9	450.9	450.9	450.9
9号墩向心侧支座	114.0	141.0	−34.1	54.8

注:①支座反力中正号为压力,负号为拉力;表中支反力已计入冲击系数。

②各工况下支座最小反力,分别为各支座最不利状态下的最小支座反力。

由表6-3可知,在恒载＋公路Ⅰ级标准值组合(工况一)下,支座均未发生脱空,说明该桥梁结构满足规范要求。在工况二(31吨货车＋54吨吊车)作用组合下,也未有支座发生脱空。在工况三(40吨罐车＋72吨吊车)

作用组合下，5号墩和9号墩向心侧支座均发生了脱空，出现了负反力，可见，在40吨罐车和72吨吊车同时上桥的情况下，桥梁具有一定的倾覆风险。在工况四（50吨拖挂车＋54吨吊车）作用下虽没有支座发生脱空，但5号墩和9号墩向心侧支座反力已变得很小，该情况仍需引起重视。

表6-4 支座支反力

单位：kN

项目	工况五	工况六	工况七
5号墩离心侧支座	473.3	423.9	471.6
5号墩向心侧支座	685.4	726.2	681.5
6号墩支座	3653.7	3766.9	3694.1
7号墩支座	3512.9	4006.7	3523.5
8号墩支座	3068.0	3066.7	3061.5
9号墩离心侧支座	513.6	490.8	515.8
9号墩向心侧支座	700.1	725.8	698.8

注：支座反力中，正号为压力，负号为拉力；表中支反力不计入冲击系数。

表6-4为吊机在起吊状态下，作用于桥梁最不利倾覆侧时，各桥墩支座的反力。由表可知，在工况五～工况七车辆布载下，桥梁各支座均未发生脱空，满足规范要求。

2.箱梁抗倾覆稳定系数

上部结构的抗倾覆分析过程为：①根据结构形式和支座布置，确定倾覆轴线。倾覆轴线为单向受压支座依次脱空后，最终有效的两支座的连线。②按照倾覆轴线，计算抗倾覆力矩和汽车荷载的倾覆力矩。③验算上部结构的抗倾覆稳定系数。

经分析，该联桥易出现2条倾覆轴线，分别是图6-5中的直线a和直线b。直线a为5号墩离心侧支座与4号墩支座的连线，直线b为6号墩支座与7号墩支座的连线。经过计算发现，倾覆轴线a与车道荷载中心线围成的面积为51.4平方米，倾覆轴线b与车道荷载中心线围成的面积为70.5平方米，可见，最不利的倾覆轴线为直线b。下面就以最不利倾覆轴线b为例进行计算，其汽车荷载的倾覆力矩作用面积$\Omega=70.5$平方米，横向加载车道到倾覆轴线垂直距离的最大值$e=2.85$米，如图6-6所示。

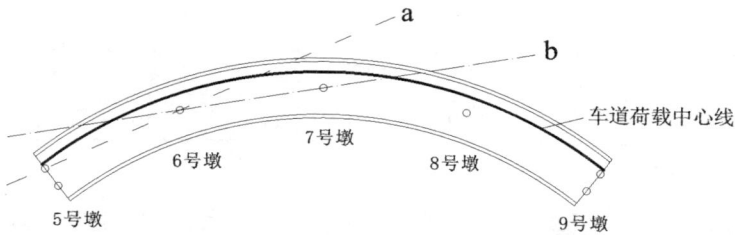

图6-5　桥梁结构倾覆轴线

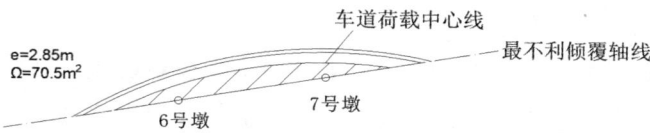

图6-6　最不利倾覆轴情况下倾覆力矩作用范围

以工况六为例，验算箱梁抗倾覆能力。本工况为200吨吊机，荷载大小为40＋72＋65＝177吨，按前文假设条件，得到吊机两个前支腿承受47.2吨，两个后支腿承受41.3吨，如图6-4（e）所示。由于吊机支腿的跨度较大，所以吊机摆放时横向跨过倾覆轴线，通过多次试算，选择如图6-7所示的吊机最不利摆放位置，得出最大加载效应，计算抗倾覆稳定系数。

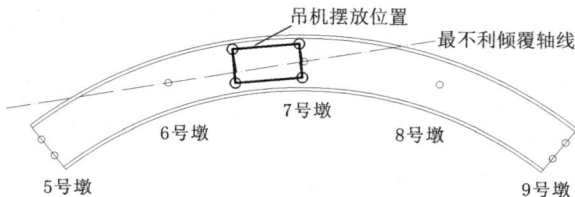

图6-7　工况六加载布置

此时，吊机为静力荷载，不计入吊机的冲击系数，于是箱梁抗倾覆稳定系数为：

$$\gamma_{qf} = \frac{\sum R_{Gi} x_i}{\sum p_i x_i} = \frac{48143.52 + 472 \times 1.56 + 413 \times 2.29}{472 \times 3.42 + 413 \times 2.7} = 18.3 > 2.5$$

各工况作用下桥梁抗倾覆稳定系数汇总见表6-5。所有工况下的抗倾覆稳定系数均大于2.5，因此桥梁结构不存在倾覆危险。

表6-5　各工况作用下桥梁抗倾覆稳定系数

项目	工况一	工况二	工况三	工况四	工况五	工况六	工况七
抗倾覆稳定系数	23.4	17.9	14.1	17.4	23.6	18.3	23.8

第三节　特殊车辆荷载下匝道桥桥面板局部内力验算

本节主要是验算吊机在起吊作业时，其支腿产生的集中力是否会对桥面板产生局部破坏。

对于实体的矩形截面桥面板，一般均由弯矩控制设计，习惯上以每米宽的板条来进行计算。对于梁式悬臂板，只要借助板的有效工作宽度，就不难得到作用在每米宽板条上的荷载和其引起的弯矩。这里同样以典型小半径匝道桥为例进行计算分析。

吊机四个支腿距离较远，因而对桥面板局部分析时可不考虑支腿之间的相互影响。在单个支腿作用于箱梁翼板上时，可将箱梁翼板简化为悬臂板进行分析，如图6-8（a）所示。

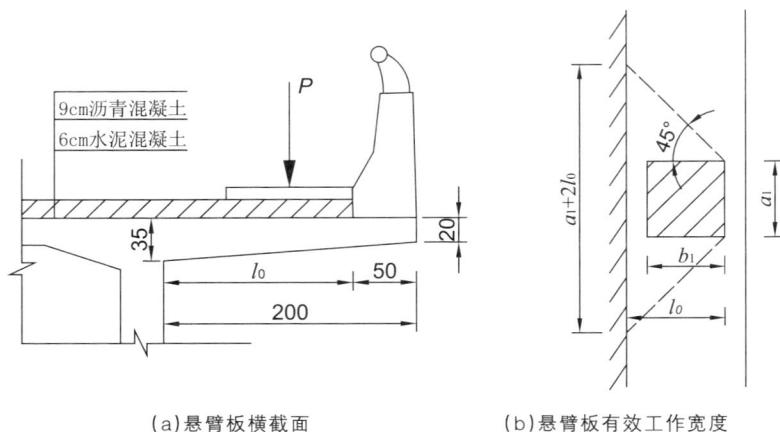

(a)悬臂板横截面　　　　　　　(b)悬臂板有效工作宽度

图6-8　悬臂板计算图示(单位:cm)

当支腿作用于沥青或混凝土面层时，假定荷载按45°角向下扩散。对工况七而言，选用的是100吨型号的吊机，其支腿垫板尺寸为1.0米×1.0米×0.1米，由于桥面铺装层的厚度为15厘米，则实际单个支腿作用在箱梁上的范围为 1.3 米×1.3 米。对于工况六而言，选用的是 200 吨型号的吊机，其支腿垫板尺寸为 1.5 米×1.5 米×0.1 米，由于桥面铺装层的厚度为 15 厘米，则实际单个支腿作用在箱梁上的范围为 1.8 米×1.8 米。同时，悬臂板的有效工作宽度也是按 45°角向支撑点扩散，如图 6-8（b）所示。以工况六和工况七为例，进行验算。

工况六：

1.荷载组合

在工况六中，单个支腿最大荷载 $P = 472$ kN。吊机垫板轮着地长度 $a_2 = 1.5m$，宽度 $b_2 = 1.5m$，则板上荷载压力面的边长为：

$$a_1 = a_2 + 2H = 1.5 + 2 \times (0.09 + 0.06) = 1.8m$$

$$b_1 = b_2 + 2H = 1.5 + (0.09 + 0.06) = 1.65m$$

荷载对悬臂根部的有效分布宽度为：

$$a = a_1 + 2 \times l_0 = 1.8 + 2 \times 1.65 = 5.1m$$

作用于每米宽板条上的弯矩为：

$$M_{sp} = -\frac{P}{a} \cdot (l_0 - \frac{b_1}{2}) = -\frac{472}{5.1} \times (1.65 - \frac{1.65}{2}) = -76.4 \text{kN} \cdot \text{m}$$

当按荷载标准组合时，其计算内力为：

$$M_{sj}^{I} = 1.0 M_{sg} + 1.0 M_{sp} = 1.0 \times (-14.6) + 1.0 \times (-76.4) = -91.0 \text{kN} \cdot \text{m}$$

当按承载能力极限状态基本组合时，其计算内力为

$$M_{sj}^{II} = 1.2 M_{sg} + 1.4 M_{sp} = 1.2 \times (-14.6) + 1.4 \times (-76.4) = -124.5 \text{kN} \cdot \text{m}$$

2.强度验算

取 1 米板宽，钢筋纵向间距 10 厘米，钢筋直径 12 毫米，根据《公路钢筋混凝土及预应力混凝土桥涵设计规范》（JTG 3362-2018），双筋矩形截面受弯构件，其正截面抗弯承载力计算应符合下列条件：

$$\gamma_0 M_d \leqslant M_u = f_{cd} bx (h_0 - \frac{x}{2}) + f_{sd}' A_s' (h_0 - a_s')$$

求得：

$$M_u = 95.4 \text{kN} \cdot \text{m}$$

可见，箱梁悬臂板悬臂断面产生的抗力满足荷载标准组合，但不满足承

载能力极限状态组合。由于200吨吊机横向跨度较大，且支腿垫板尺寸较大，因而移动支腿位置后仍无法满足承载能力极限状态组合要求。

工况七：

1. 吊机产生的内力

在工况七中，单个支腿最大荷载 $P=350\text{kN}$。吊机垫板轮着地长度 $a_2=1.0$ 米，宽度 $b_2=1.0$ 米，则板上荷载压力面的边长为：

$$a_1=a_2+2H=1.0+2\times(0.09+0.06)=1.3\text{m}$$
$$b_1=b_2+2H=1.0+2\times(0.09+0.06)=1.3\text{m}$$

荷载对悬臂根部的有效分布宽度为：

$$a=a_1+2\times l_0=1.3+2\times1.65=4.6\text{m}$$

作用于每米宽板条上的弯矩为：

$$M_{sp}=-\frac{P}{a}\cdot(l_0-\frac{b_1}{2})=-\frac{350}{4.6}\times(1.65-\frac{1.3}{2})=-76.1\text{kN}\cdot\text{m}$$

当按荷载标准组合时，其计算内力为

$$M_{sj}^{\text{I}}=1.0M_{sg}+1.0M_{sp}=1.0\times(-14.6)+1.0\times(-76.1)=-90.7\text{kN}\cdot\text{m}$$

当按承载能力极限状态基本组合时，其计算内力为

$$M_{sj}^{\text{II}}=1.2M_{sg}+1.4M_{sp}=1.2\times(-14.6)+1.4\times(-76.1)=-124.1\text{kN}\cdot\text{m}$$

2. 强度验算

取1米板宽，钢筋纵向间距10厘米，钢筋直径12毫米，根据《公路钢筋混凝土及预应力混凝土桥涵设计规范》（JTG 3362-2018），双筋矩形截面受弯构件，其正截面抗弯承载力计算应符合下列条件：

$$\gamma_0 M_d\leqslant M_u=f_{cd}bx(h_0-\frac{x}{2})+f_{sd}'A_s'(h_0-a_s')$$

求得：

$$M_u=95.4\text{kN}\cdot\text{m}$$

可见，箱梁悬臂板悬臂断面产生的抗力大于荷载标准组合，但小于承载能力极限状态组合。若要同时满足承载能力极限状况组合，需将吊机支腿位置往内移动0.4米，此时承载能力极限状态基本组合 $M_{sj}^{\text{II}}=94.9\text{kN}\cdot\text{m}$，满足抗力要求。

　　综上，工况七选用的是100吨吊机，通过微调吊机支腿位置，可同时满足荷载标准组合和承载能力极限状态组合，图6-9给出了100吨吊机支腿的建议摆放范围。而工况六，选用了200吨吊机，自重和配置均较大，因而单个支腿集中力较大，无法满足承载能力极限状态组合。建议在事故车辆施救时，应尽量避免选用200吨位的大型吊机。

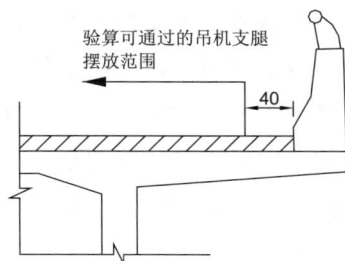

图6-9　100吨吊机建议支腿摆放范围(单位：m)

第四节　吊机选型与摆放位置建议

　　通过以上验算分析，得到以下结论：

　　（1）对小半径匝道桥而言，在大吨位车辆（大于40吨）翻车，大吨位吊车沿最不利车道加载时，桥梁存在支座脱空风险。

　　（2）在吊机后位起吊施救时，由于吊机的支腿横跨桥梁倾覆轴线，反而降低了支座脱空及桥梁倾覆风险。

　　（3）根据本书计算结果，对于曲线匝道桥而言，建议吊车上桥行驶于匝道桥抗倾覆侧，即曲线梁的向心侧，如图6-10所示。对于直线匝道桥而言，建议吊车上桥行驶于匝道桥中间区域，如图6-11所示，这样可大大降低支座脱空及桥梁倾覆风险。

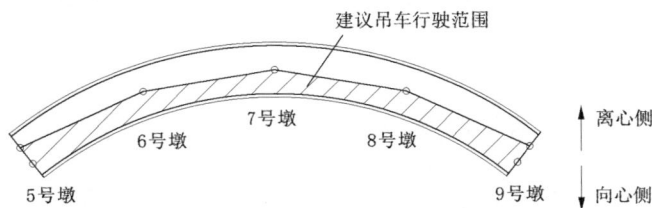

图6-10　曲线桥建议吊车上桥行驶范围

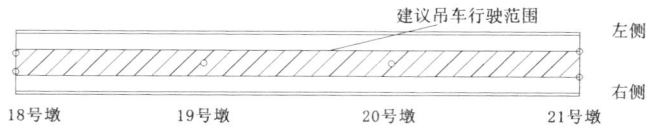

图6-11直线桥建议吊车上桥行驶范围

（4）吊机侧位起吊时，考虑单侧（倾覆轴线外侧）支腿受力的极限状态，匝道桥的梁体破坏或桥面板破坏先于桥梁倾覆，同时容易造成内外侧支座受力不均，存在一侧支座脱空、另一侧支座被压坏的风险。鉴于该状态风险较大，一般不推荐在匝道桥桥面上采用吊机侧位起吊桥下重型事故车辆，如受现场作业条件限制，确实需要进行桥面起吊，应经充分计算分析后方可采用桥上侧位起吊方案，必要时应对桥梁结构进行必要的临时加固措施。

第七章

跨海大桥预防性养护

跨海桥梁服役环境复杂，对其进行预防性养护规划具有重要意义，本章总结了国内外桥梁预防性养护方面的研究进展，描述预防性养护概念与理念，探索跨海大桥预防性养护条件。

第一节　预防性养护发展历史

一、预防性养护在国外的发展概况

美国、欧盟、日本等发达国家对预防性养护的研究较早，并在道路、桥梁等基础设施中展开了应用，但是不同国家由于国情不同，预防性养护的效果和应用程度也不尽相同。

美国在20世纪八九十年代就积极推动桥梁预防性养护技术研究，并将桥梁寿命周期维修成本分析方法引入桥梁维修中。1987年，美国国会通过了一项为期5年的"美国公路战略研究计划"，指出了预防性养护在延长路面使用寿命方面的重要意义。1999年，经调查，88％的美国各州运输部门已经制订了预防性养护计划。2003年，美国在密执安州立大学成立了预防性养护中心，提供有关预防性养护方面的培训、咨询及相关技术研究。2008年，美国联邦公路局启动了为期20年的"桥梁长期性能研究计划"（Long Term Bridge Performance Program）。其总体任务是在全美选取典型桥梁，通过收集典型桥梁性能变化的数据，建立详细及时的桥梁健康数据库，开展桥梁结构性能理论和应用技术的全面研究，最终提高美国公路桥梁的安全性、可靠性和长期寿命。

英国、法国、德国、西班牙、加拿大、澳大利亚、南非等国也使用了预防性养护技术。例如，2011年10月，欧盟联合英国、法国、瑞士、德国等国，启动了为期3年的"主线计划"（Mainline Project）。通过研究新型检测和监测技术，对欧洲运输系统进行全面的安全性和寿命周期评估，研究延长桥、隧、轨道等老旧基础设施使用寿命或更换设施的方法，最终提升欧洲运输能力。

日本在20世纪80年代末期正处于桥梁建设高峰期，本州、四国联络桥中斜拉桥、悬索桥等大型跨海大桥先后建成，其技术水平曾一度引领着国际桥梁工程界的发展。在建设高峰期过后，日本逐渐由大规模建设阶段转入精细化管理与养护阶段。2002年，日本国土交通省开始实施公路桥梁的长寿命管养计划，根据计划提出了预防性养护的管理理念。2006年，日本开始基于预防性养护的桥梁资产管理系统的研究，将长寿命和全寿命周期成本最小化的理念贯穿桥梁的"诞生""成长"和运营全过程。

2013年11月，日本政府针对桥梁、堤坝、学校等公共设施的老化情况，制订保障基础设施的"基础设施长寿命化基本计划"。如图7-1所示，该计划要求日本各省厅及自治体于2016年之前制订整体的维持管理体制及中长期行动计划，一方面，通过检查、修缮确保安全；另一方面，因为人口减少等原因，对确定不需要的基础设施立即废止或拆除。该计划特别指出了采用传感器、机器人、非破坏性检查技术等提高检查和修补的水平，以保证到2030年，由性能退化所导致的重要基础设施的重大事故为零。

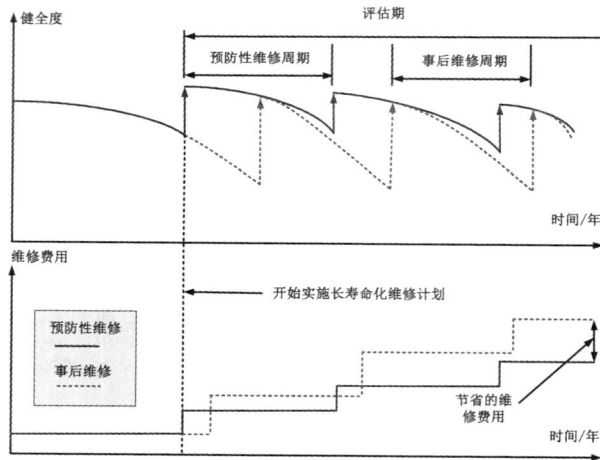

图7-1 日本的预防性养护方法

二、预防性养护在国内的发展概况

1.2004 年以前

改革开放后，我国经济迅速发展，对交通基础设施产生重大需求，我国进入大规模道路桥梁建设阶段。直到 20 世纪 90 年代中后期，才逐渐引进了预防性养护的理念和技术，当时的预防性养护措施主要集中于道路养护，例如稀浆封层、微表处等。

2.2004—2014 年

交通运输部于 2004 年颁布了《公路桥涵养护规范》（JTG H11－2004），给桥梁养护工作规定了技术指标和原则；2007 年制定了《公路桥梁养护管理工作制度》，规定了公路桥梁养护管理工作实行养护工程师制度。中国在这个时期的桥梁研究主要集中在建设技术领域，管养方面的研究相对较少；同时，研究多以短期性能为主，对桥梁的耐久性能、检（监）测技术效果评估的研究较少，对桥梁长期性能衰退的研究不够深入。

3.2014 年至今

2014 年，交通运输部在《关于全面深化交通运输改革的意见》中明确提出"深化全寿命周期养护成本理念，全面开展预防性养护"的要求，构建符合我国国情的桥梁养护技术及装备体系，促进我国桥梁技术向"建养并重"转型发展。2018 年，交通运输部印发《公路养护工程管理办法》（交公路发〔2018〕33 号），规定了预防养护是四大养护类型之一，明确了预防养护的概念，并规定"全寿命周期综合效益较好的预防养护"在养护工程计划编制中应当优先考虑。2020 年 12 月，交通运输部发布《交通运输部关于进一步提升公路桥梁安全耐久水平的意见》（交公路发〔2020〕127 号），提出要着力提升创新发展能力，完善我国桥梁建设养护理论体系，加强桥梁结构状况评估、预防性养护、维修加固方法和技术研究，开展桥梁承载能力快速、智能评估技术研究。

随着桥梁养护技术和新材料的发展，我国跨海大桥也根据各自的经验不断探索预防性养护技术，目前多个跨海大桥开展了中长期养护规划，但是仍未形成成熟的管养经验。

舟山跨海大桥营运机构在2020年启动了中长期养护规划的修编工作，对指导大桥养护起到了至关重要的作用。规划体现了预防性养护和全寿命周期养护成本理念，指导大桥在规划期内建立完善的养护制度体系和先进的信息化管养平台，化被动养护为主动管养，在最佳时间对最需要实施养护的部位采取最恰当的养护措施，提高养护决策的科学化水平和养护资金使用效率。

嘉绍大桥作为目前世界上最长最宽的双幅四索面六塔斜拉桥，其结构体系新颖，又采用刚性铰、超大面积ERS体系等新技术。管养部门结合嘉绍大桥营运环境、构造特点及受力特性，按照"主动性、预防性、全寿命养护管理"的监管养护理念，编制了《嘉绍大桥中长期养护规划（2014-2033）》，对大桥通车后20年内嘉绍大桥养护工作目标准则、养护模式及制度、规划期内应开展的养护工作、养护经费估算及规划修编更新等明确相应的计划。

南沙大桥属于特大型复杂结构，许多桥梁构件具有构造复杂、养护困难的特点，比如缆索体系、钢箱梁、防腐涂层及特种设备等。大桥管养单位践行全寿命周期理念，实现了对工程质量的全过程控制，并探索融入BIM＋信息技术，为后续的养护工作打下了良好的基础。南沙大桥目前正利用建管养一体化所具有的较好的先天条件，推进BIM＋运维一体化工作，探索建立大桥养护标准化和精细化体系，力争将南沙大桥打造成"大桥养护标准化示范项目"，形成标准化的成果并推广到其他项目，推动对虎门大桥的整体管养提升，形成对粤港澳大湾区正在建设的黄茅海大桥、深中通道的养护模式和经验的辐射移植。

第二节 桥梁预防性养护概念和理念

一、预防性养护相关概念

在美国关于桥梁预防性养护的许多规范中都对预防性养护进行了定义，在《桥梁工程手册》（*Bridge Engineering Handbook*）中指出预防性养护被称为重复性的、周期性的或计划性的工作，用来保持或恢复桥梁，使其按照设计状态良好工作。它的主要工作是预防结构损伤发展到更严重的地步，在合适的时间维修小的或潜在的问题，使得桥梁不会出现更换和重建情况。在

《桥梁维护指南》（*Bridge Preservation Guide*）中 AASHTO 养护小组委员会给出的桥梁预防性养护的定义为：对现有道路系统及其附属物进行经济有效处理的一种计划策略，它可以保护系统，延缓未来的劣化，并维持或改善系统的功能状态（不大幅增加结构能力）。预防性养护包括周期性（非基于状态）和基于状态的养护活动两种类型。周期性预防性养护活动是指按照预先确定的时间间隔进行的活动，旨在保护现有桥梁构件或组件条件。由于这些活动，桥梁构件或组件的状况并不总是直接得到改善，但劣化预计会延迟。基于状态的预防性养护活动是指根据桥梁总体状态进行评级，如表7-1所示，并根据需要对桥梁构件进行的活动。

表7-1 美国国家桥梁总体状况评级指南

评级	具体描述	常用的可行措施
9	状况极好。	预防性养护
8	状况很好:没有问题。	
7	状况良好:有些小问题。	
6	状况较满意:构件出现轻微劣化。	预防性维护和/或维修
5	状况一般:所有主要构件均完好,但可能存在一些轻微的断面损失、开裂、剥落或冲刷。	
4	状况较差:严重的断面损失、劣化、剥落或冲刷。	加固改造或重建
3	状况严重:断面损失、劣化、剥落或冲刷严重影响了主要结构部件;有可能发生局部失效;钢材中可能存在疲劳裂缝或混凝土中可能存在剪切裂缝。	
2	状况危急:主要构件出现严重劣化;钢材中可能存在疲劳裂缝或混凝土中可能存在剪切裂缝,或者冲刷可能已经移除了下部结构支撑。除非密切监测,否则桥梁可能关闭,直到采取纠正措施。	
1	即将失效的状况:关键结构部件出现严重损坏或断面损失或影响结构稳定性的明显垂直或水平移动。桥梁禁止通行,但采取纠正措施后可能会恢复正常运行。	
0	失效状况:停止使用——超出纠正措施范围。	

我国在《公路桥涵养护规范》（JTG 5120－2021）中，预防性养护被定义为桥涵有轻微病害但整体性能良好，为延缓其性能衰减、延长使用寿命而采取的防护措施。

可见，桥梁预防性养护是一种定期的强制保养、维修措施，是为了延迟桥梁轻微病害的进一步扩展，以减缓桥梁病害发展速度、延长公路桥梁使用寿命为目的的养护作业。预防性养护定义为介于小修保养与中修工程之间的养护作业，其主要目的是推迟路面大中修养护时间并节约大量的养护费用，如图7-2所示。

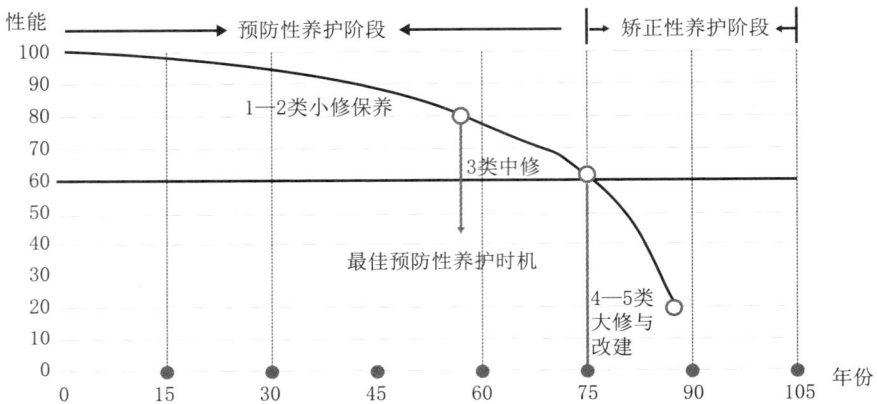

图7-2　预防性养护时机

跨海大桥具有跨径大，结构整体刚度小、变形大，易损构件多、结构复杂，运维成本高等特点。一些重要的承重构件一旦损坏，就很难维修和更换，因此，此类桥梁养护工作的科学合理性直接决定了桥梁的使用寿命和养护成本。现有经验表明，在科学的养护规划指导下，采用预防为主、防治结合的策略，建立严密的检查、监测体系并结合精细化的日常养护和及时的养护工程，是保障此类桥梁保持结构安全、降低全寿命周期使用成本的有效途径。在《跨海桥梁养护技术规范》中，预防性养护提出了更具体的目标：①维持桥梁良好的使用功能，延缓桥梁使用性能的衰减，防止桥梁病害出现或病害进一步发展；②延长桥梁使用寿命，减少或延迟桥梁修复养护或专项养护工作的开展；③优化养护资金投入，争取在桥梁全寿命周期内养护总费用最低。

二、预防性养护理念

桥梁预防性养护的基本理念是：①让状态良好的桥梁系统保持更长时间，在其承载力不变的情况下改善其功能状态。②在恰当的时间，采用正确的措施，并应用在合适的桥梁结构上。核心理念是用最低的成本保持桥梁的运营服务功能。

对预防性养护"恰当时间""正确措施""合适桥梁"三个条件进行分析，桥梁状况与技术措施是可以准确掌握的因素，恰当的时间是最佳养护时间，却实际影响着预防性养护效果，所以确定最佳养护时间是预防性养护技术应用推广的关键。

第三节　跨海大桥预防性养护条件

桥梁预防性养护时机对养护效果和总体费用影响较大，其中需要明确预防性养护的最低分数和初次开展时间。根据文献、数据调研，本书认为预防性养护中桥梁技术状况应不低于3类桥，即最低控制分数定为60分，在结构处于2类桥时开展预防性养护的经济性较好，即初次开展时间定为80分。

基于这样的考虑，桥梁构件病害属于预防性养护范畴的一般定为2类到3类之间。跨海桥梁服役环境复杂，结构复杂，路线一般缺少可替代性，对社会经济正常运行极为重要，其养护资源需求较其他桥梁更为突出，因此还应根据不同构件的可检性、可修性、可换性，实行分类养护。各类构件的预防性养护条件见表7-2至表7-4。

表7-2　桥梁上部结构构件预防性养护条件

桥梁构件	预防性养护条件	
混凝土梁式桥	蜂窝、麻面	累计面积≤构件面积的50%
	剥落、掉角	累计面积≤构件面积的5%，或单处面积≤0.5m²
	空洞、孔洞	累计面积≤构件面积的5%，或单处面积≤0.5m²
	渗水	梁体或横向连接局部有明显渗水现象，伴有晶体析出
	钢筋锈蚀	局部出现锈胀开裂或混凝土表面有锈迹

续表

桥梁构件		预防性养护条件
混凝土梁式桥	预应力构件损伤	齿板位置处出现部分裂缝,裂缝未超限
	结构性裂缝	主梁裂缝缝长<截面尺寸的1/3; 钢筋混凝土梁:主筋附近竖向裂缝宽度≤0.2mm,腹板斜向裂缝≤0.25mm; 预应力混凝土梁:梁体纵向裂缝≤0.15mm
	非结构性裂缝	网状裂纹累计面积<构件面积的20%,或单处面积≤1.0m²,或主梁裂缝缝长<截面尺寸的1/3
钢梁桥	涂层劣化	累计面积<构件面积的10%
	锈蚀	锈蚀累计面积<构件面积的3%
	焊缝开裂	焊缝部位有少量裂纹
	铆钉(螺栓)损失	损坏、失效数量<总量的1%
	构件裂缝	主梁、纵横梁受拉翼缘边裂缝长度<3mm,或受拉翼缘焊接盖板端部裂缝长度<10mm,或桁梁端横梁与纵梁连接处下端及腹杆接头处裂缝长度<20mm
	构件变形	次要构件出现异常变形,行车稍感振动或摇晃
斜拉桥	锚具及其组件积水、锈蚀、破损	锚具存在轻微渗水现象,或轻微锈蚀; 锚头出现轻微损坏现象
	减震装置锈蚀、劣化	锈蚀累计面积<构件面积的3%
	锚固区涂层劣化	累计面积<构件面积的10%
	索塔积水、杂物	局部少量积水、杂物
	钢索塔涂层劣化	累计失效面积<构件面积的10%
	钢索塔螺栓破损、缺失	螺栓少量损坏、松动或丢失
悬索桥	主缆涂层防护劣化	累计面积<构件面积的10%,单处面积≤0.5m²
	主缆索鞍涂层劣化	涂层劣化面积<构件面积的10%
	主缆索鞍鞍座螺杆、锚栓松动	个别螺杆、锚栓连接出现松动
	主缆索鞍滑(转)动干涩	索鞍出现滑(转)动干涩现象
	吊索涂层缺陷	累计失效面积<构件面积的10%

桥梁构件		预防性养护条件
悬索桥	吊索索夹涂层缺陷	累计失效面积≤构件面积的10%
	吊索索夹锚固螺杆松弛	索夹个别锚固螺杆出现松弛
	吊索索夹滑移	滑移量≤10mm
	吊索索夹密封填料损坏	填料局部轻微老化,表面有脏污数量≤总量的3%
	吊索锚具及其组件积水、锈蚀、破损	锚具存在轻微渗水现象,或轻微锈蚀; 锚头出现轻微损坏现象
	吊索减震架锈蚀、松动、脱落	减震器钢构件轻微锈蚀,减震架个别螺栓松动、脱落
	锚碇渗水、积水	有少量积水或水汽,空气湿度≤40%
支座	支座钢件涂层劣化	累计面积≤构件面积的10%,单处面积≤0.5m²
	连接螺栓松动或损坏	连接螺栓个别松动或损坏
	支座功能不畅	支座出现一定的位移、转角变动

表7-3　桥梁下部结构构件预防性养护条件

桥梁构件			预防性养护条件
桥墩	墩身	蜂窝、麻面	累计面积≤构件面积的20%,单处面积≤1.0m²
		剥落、掉角	累计面积≤构件面积的3%,单处面积≤0.5m²
		空洞、孔洞	累计面积≤构件面积的3%,单处面积≤0.5m²
		钢筋锈蚀	有锈蚀现象
		磨损	累计面积≤构件面积的5%
		裂缝(结构性)	墩身的水平裂缝:缝长≤墩身直径或墩身宽度的1/8; 竖向裂缝:缝长≤截面尺寸的1/5; 悬臂桥墩角隅处的裂缝:缝长≤截面尺寸的1/3
		裂缝(非结构性)	网状裂缝:累计面积≤构件面积的20%,单处面积≤1.0m² 墩身裂缝缝长≤截面尺寸的1/3
	盖梁和系梁	蜂窝、麻面	累计面积≤构件面积的20%,单处面积≤1.0m²
		剥落、掉角	累计面积≤构件面积的3%,单处面积≤0.5m²
		空洞、孔洞	累计面积≤构件面积的3%,单处面积≤0.5m²

续表

桥梁构件			预防性养护条件
桥墩	盖梁和系梁	钢筋锈蚀	有锈蚀现象
		裂缝（结构性）	盖梁（墩台帽）顶面水平裂缝:缝长<截面尺寸的1/3; 盖梁（墩台帽）自上而下的垂直裂缝:缝长<截面尺寸的1/5,间距>80cm
		裂缝（非结构性）	网状裂缝:累计面积<构件面积的20%,单处面积<1.0m² 裂缝缝长<截面尺寸的1/3
桥台	台身	蜂窝、麻面	累计面积<构件面积的20%,单处面积<1.0m²
		剥落、掉角	累计面积<构件面积的3%,单处面积<0.5m²
		空洞、孔洞	累计面积<构件面积的3%,单处面积<0.5m²
		钢筋锈蚀	有锈蚀现象
		磨损	累计面积<构件面积的5%
		裂缝（结构性）	台身的水平裂缝:缝长<台身直径或台身宽度的1/8; 竖向裂缝:缝长<截面尺寸的1/5; 悬臂台身角隅处的裂缝:缝长<截面尺寸的1/3
		裂缝（非结构性）	网状裂缝:累计面积<构件面积的20%,单处面积<1.0m²; 墩身裂缝缝长<截面尺寸的1/3
		桥头跳车	台背路面沉降较大,桥头跳车明显,或挡墙明显倾斜
		台背排水	台背排水不良,造成桥台被渗水污染
	台帽	蜂窝、麻面	累计面积<构件面积的20%,单处面积<1.0m²
		剥落、掉角	累计面积<构件面积的3%,单处面积<0.5m²
		空洞、孔洞	累计面积<构件面积的3%,单处面积<0.5m²
		钢筋锈蚀	有锈蚀现象
		裂缝	由支承垫石从下向上发展的裂缝:缝长<截面尺寸的2/3; 台帽自上而下的垂直裂缝:缝长<截面尺寸的2/3,间距≥20cm
基础		冲刷、掏空	冲刷面积<10%
		剥落、露筋、冲蚀	剥落、露筋累计面积>构件面积的3%且<10%,单处面积>0.25m²且<1.0m²
		裂缝（非结构性）	网状裂缝:累计面积<构件面积的20%,单处面积<1.0m²; 基础裂缝缝长<截面尺寸的1/3
翼墙、耳墙		破损	累计面积<构件面积的5%,单处面积<0.5m²

桥梁构件		预防性养护条件	
翼墙、耳墙	鼓肚、砌体松动	局部鼓肚,砌体松动	
	裂缝	网裂总面积>10%,出现个别裂缝,缝宽未超限	
锥坡、护坡	缺陷	缺陷面积≤10%	
	冲刷	局部冲成浅坑	
河床及调治构造物	河床	堵塞	局部有漂流物,堵塞河道
		冲刷	河床或河底铺砌局部轻微冲刷
		河床变迁	局部轻微淤积
	调治构造物	损坏	构造物局部断裂,砌体松动、鼓肚、凹陷或灰浆脱落
		冲刷、变形	边坡局部下滑,基础局部冲空

表7-4　桥面系构件预防性养护条件

桥梁构件		预防性养护条件
桥面铺装（沥青混凝土）	变形	波浪拥包面积≤10%,波峰波谷高差≤25mm; 局部有高低不平的现象,高低差≤25mm; 铺装层出现车辙的面积≤10%,深度≤25mm
	泛油	面积≤10%
	破损	松散、露骨累计面积≤10%; 坑槽深度≤25mm,累计面积≤3%,单处面积≤0.5m²
	裂缝	龟裂缝宽≤2.0mm,部分裂缝块度≤5.0m; 块裂缝宽≤3.0mm,大部分裂缝块度>1.0m; 纵横裂缝缝长≤1.0m,缝宽≤3.0mm
伸缩装置	堵塞	伸缩装置内有较多堆积物(尘土或垃圾),影响伸缩功能
	过车异响	上层槽口堵塞、卡死等原因造成伸缩缝伸缩异常,车辆行驶时出现冲击和噪声
栏杆、护栏	破损	局部出现蜂窝麻面、剥落、锈蚀、裂缝、变形错位等现象,累计面积≤10%
防排水系统	排水不畅	局部排水不畅,桥下出现漏水现象,或桥台支承面、翼墙面等平面受到污水污染
	泄水管、引水槽缺陷	较少泄水管、引水槽、排水孔出现堵塞,或排水设施构件破损、缺件、管体脱落、泄水管设置不当,数量≤5%

续表

桥梁构件		预防性养护条件
附属设施	检修车劣化、破损	钢结构有轻微锈蚀,或油漆部分老化脱落,或个别位置出现少量微裂纹,或有少量螺栓松动
	阻尼器涂层劣化	涂层变色、轻微损坏,裂纹、起皮或剥落,累计失效面积≤10%
	防撞设施涂层劣化	累计失效面积≤10%

　　桥梁预防性养护技术是一门新兴学科,随着科学技术和材料制造工艺的发展,将有更多的新工艺、新方法、新材料运用到桥梁加固维修中。当前,养护管理人员要从思想上充分重视桥梁早期病害的预防性养护,探索建立桥梁结构的劣化模型,利用寿命周期成本的思想对桥梁预防性养护费用进行分析,并利用多目标规划方法来确定最佳的预防性养护时机。只有这样,桥梁的预防性养护措施才能真正取得成效,从而切实维护桥梁的健康工作状态,达到延长桥梁使用寿命的目的。

结　语

当前，我国已经成为名副其实的桥梁大国，有港珠澳大桥、舟山跨海大桥、胶州湾大桥、杭州湾跨海大桥、东海大桥等，体现了一个国家逢山开路、遇水架桥的奋斗精神，体现了我国综合国力、自主创新能力，体现了勇创世界一流的民族志气。

随着我国桥梁工程"建养并重"时代的到来，必然会对桥梁养护提出更新更高的要求。对跨海大桥等重大关键性工程，在运营期内进行安全管理和智慧养护的任务也愈发艰巨，这也是桥梁管理部门面临的时代命题。桥梁管理者不仅要拥有先进的管理理念，不断创新桥梁养护运营体制机制、商业和管理模式、资源整合方式，不断提升服务能力，更要掌握先进的养护科技，发挥创新驱动引领作用，加快提升养护水平。

著名桥梁专家茅以升曾说："人生一征途耳，其长百年，我已走过十之七八。回首前尘，历历在目，崎岖多于平坦，忽深谷，忽洪涛，幸赖桥梁以渡。桥何名欤？曰奋斗。"愿所有桥梁人能够秉持初心，追求卓越，为造福人类而奋斗！

参考文献

[1] 白山云,陈开利.大跨径斜拉桥的预防性养护[J].中国公路,2015(21):96-101.

[2] 曹景,刘志才,冯希训.箱形截面直线桥及曲线桥抗倾覆稳定性分析[J].桥梁建设,2014,44(3):69-74.

[3] 陈开利.日本桥梁的长寿命管养计划[EB/OL].(2019-09-04)[2022-03-31].https://www.sohu.com/a/338804582_317644.

[4] 陈耀辉.河北省普通干线公路桥梁预防性养护关键技术研究[D].石家庄：石家庄铁道大学,2016.

[5] 陈卓,刘大洋,李刚伟.厦漳大桥养护管理系统研发实践与思考[J].公路交通技术,2018(12):93-96,104.

[6] 冯良平,付佰勇,过超.特大型桥梁的养护科研工作怎么做[EB/OL].(2021-09-27)[2022-03-31].https://card.weibo.com/article/m/show/id/2309404685997311918523.

[7] 高志勇.杭州湾跨海大桥养护管理系统的设计与应用[J].公路,2013(3):196-201.

[8] 韩崇昭,朱洪艳,段战胜.多源信息融合[M].北京：清华大学出版社,2006.

[9] 韩依璇,张宇峰,赵亮,等.国外桥梁长期性能研究最新进展介绍及思考[J].中外公路,2015,35(4):217-221.

[10] 河北省交通规划设计院.DB31/T 5056-2019 高速公路桥涵预防性养护技术规范[S].北京:人民交通出版社有限股份公司,2019.

[11] 洪奕尚,吴花蓉.浅谈惠安大溪桥的预防性养护[J].中国公路,2015(17):137-139.

[12] 黄侨,任远,刘绍云,等.大跨度桥梁养护管理系统的若干问题研究[C]//.第十八届全国桥梁学术会议论文集（下册）.2008:709-715.

[13] 黄侨,赵丹阳,任远,等.温度作用下斜拉桥挠度的时间多尺度分析[J].

哈尔滨工业大学学报,2020,52(3):18-25,32.

[14] 惠云玲.混凝土结构中钢筋锈蚀程度评估和预测试验研究[J].工业建筑,1997(6):7-10,50.

[15] 姜爱国,杨志.独柱墩曲线梁桥倾覆轴线研究[J].世界桥梁,2013,41(4):58-61.

[16] 交通运输部公路科学研究院,中交公路规划设计院有限公司.JTG/T5122-2021公路缆索结构体系桥梁养护技术规范[S].北京:人民交通出版社,2022.

[17] 李昌铸.公路桥梁管理系统(CBMS2000)的开发与应用[J].公路交通科技,2003,20(3):84-90.

[18] 李会驰,刘晓娣,冯茛.箱梁匝道桥运营期倾覆风险管理[J].公路,2016(7):88-93.

[19] 李元兵.空心板梁桥结构预防性养护的时机选择研究[J].城市道桥与防洪,2020(5):194-197.

[20] 李智刚.大跨径钢-混叠合梁斜拉桥预防性养护方法研究[D].西安:长安大学,2020.

[21] 刘小玲,黄侨,任远,等.带反馈机制的桥梁监测数据处理流程框架[J].公路,2016,61(7):104-107.

[22] 刘小玲,黄侨,任远,等.斜拉桥多指标证据融合的综合评估方法[J].哈尔滨工业大学学报,2017,49(3):74-79.

[23] 刘小玲,汪炳,黄侨,等.基于证据推理框架的斜拉桥状态评估模型[J].华南理工大学学报(自然科学版),2020,48(6):69-76.

[24] 刘小玲,汪炳,任远,等.斜拉桥监测索力的时空评估方法[J].哈尔滨工业大学学报,2018,50(9):36-39,46.

[25] 刘小玲,文萌,汪炳.钢结构斜拉桥常见病害空间特征分析[J].中外公路,2021,41(5):78-80.

[26] 刘小玲.多源信息融合技术在钢结构斜拉桥状态评估中的应用研究[D].南京:东南大学,2017.

[27] 刘远洋.混凝土桥梁耐久性与预防性养护策略[D].西安:长安大学,

2012.

[28] 鲁圣弟,熊文,丁旭东,等.桥型布置对独柱墩曲线梁桥抗倾覆性能的影响[J].公路交通科技,2017,34(5):95-101.

[29] 麻琳琳.城市高架桥钢箱梁抗倾覆稳定性研究[D].青岛:青岛理工大学,2014.

[30] 聂载东,汪炳,丁勇,等.事故车辆施救工况独柱墩匝道桥倾覆稳定性研究[J].自然灾害学报,2019,28(5):86-95.

[31] 牛荻涛,翟彬,王林科,等.锈蚀钢筋混凝土梁的承载力分析[J].建筑结构,1999(8):23-25.

[32] 欧进萍.重大工程结构智能传感网络与健康监测系统的研究与应用[J].中国科学基金,2005(1):10-14.

[33] 彭卫兵,程波,史贤豪,等.独柱墩梁桥倾覆破坏机理研究[J].自然灾害学报,2014,23(5):98-106.

[34] 任远.大跨度斜拉桥养护管理系统的数字化研究[D].哈尔滨:哈尔滨工业大学,2008.

[35] 宋玉普,王怀亮,贾金青.混凝土的多轴疲劳性能[J].建筑结构学报,2008,29(S1):260-265.

[36] 孙全胜,高红帅,张冬久.小半径曲线钢箱梁独柱墩匝道桥抗倾覆分析[J].中外公路,2013,33(5):114-118.

[37] 孙晓博.独柱墩曲线桥梁抗倾覆稳定性分析[D].长春:吉林大学,2016.

[38] 孙尧,朱林,徐兴杰,等.基于数据融合树的C3I信息融合系统体系结构设计[J].航空学报,2006,27(2):305-309.

[39] 汪炳,黄侨,刘小玲.考虑多组件疲劳损伤的组合梁剩余承载力计算方法及试验验证[J].工程力学,2020,37(6):140-147.

[40] 汪炳.基于疲劳累积损伤效应的钢-混凝土组合梁桥剩余力学性能研究[D].南京:东南大学,2017.

[41] 王明凤.基于ANSYS的HRB500级并筋混凝土梁受弯性能有限元分析[D].南昌:南昌航空大学,2017.

[42] 王威.大跨曲线钢箱梁桥若干关键技术研究[D].西安：长安大学，2014.

[43] 魏洪昌.公路常用桥梁预防性养护技术研究[EB/OL].(2007-03)[2022-03-31].https://max.book118.com/html/2017/0921/134571505.shtm.

[44] 徐晓滨，郑进，徐冬玲，等.基于证据推理规则的信息融合故障诊断方法[J].控制理论与应用，2015,32(9):1170-1182.

[45] 许翔.基于大数据分析的悬索桥状态评估及动态预警方法研究[D].南京：东南大学,2019.

[46] 杨慧，何浩祥，闫维明.锈蚀和疲劳耦合作用下梁桥时变承载力评估[J].工程力学,2019,36(2):165-176.

[47] 杨良，孙立军.钢筋混凝土桥梁的钢筋锈蚀与疲劳耦合损伤[J].同济大学学报(自然科学版),2015,43(12):1784-1787, 1800.

[48] 伊西艳，汪炳，刘小玲.考虑部件相关性的斜拉桥状态评估[J].宁波大学学报(理工版),2022,35(2):43-50.

[49] 张世春，朱劲松.在役钢筋混凝土桥梁极限承载力简化分析方法[J].河北工业大学学报,2016,45(2):96-103.

[50] 张霞.混凝土桥梁预防性养护体系研究[D].西安：长安大学,2012.

[51] 张雪飞.预防性养护在大跨径斜拉桥养护中的应用[J].北方交通,2019(6):37-39.

[52] 中华人民共和国国家标准.GB 50010-2010 混凝土结构设计规范[S].北京:中国建筑工业出版社,2010.

[53] 中交公路规划设计院有限公司.JTG D60-2015 公路桥涵通用设计规范[S].北京:人民交通出版社,2015.

[54] 周家刚，林潘.苏通大桥养护管理系统的组成和特点[J].公路交通科技,2017(4):176-178.

[55] 朱劲松，朱先存.钢筋混凝土桥梁疲劳累积损伤失效过程简化分析方法[J].工程力学,2012,29(5):107-114, 121.

[56] 庄冬利.偏载作用下箱梁桥抗倾覆稳定问题的探讨[J].桥梁建设,2014,44(2):27-31.

[57] Aranuwa F O, Olabiyisi S O, Omidiora E O. An intelligent classifier fusion technique for improved multimodal biometric authentication using modified dempster-shafer rule of combination[J]. Computing Information Systems Development Informatics & Allied Research Journal, 2013, 4(1):1-8.

[58] Capozucca R, Cerri M N. Influence of reinforcement corrosion—in the compressive zone—on the behavior of RC beams[J]. Engineering Strutural.2003, 25(13):1575-1583.

[59] Farrar C R, Hemez F M, Shunk D D, et al. A review of structural health monitoring literature: 1996-2001[M]. Los Alamos, New Mexico: Los Alamos National Laboratory, 2004.

[60] Frangopol D M, Soliman M. Life-cycle of structural systems: Recent achievements and future directions [J]. Structure and Infrastructure Engineering, 2016, 12(1): 1-20.

[61] H Hawk, E P Small. The BRIDGIT Bridge Management System [J]. Structural Engineering International, 1998,8(4): 309-314.

[62] Helder S, João B, Joaquim F. Construction assessment and long-term prediction of prestressed concrete bridges based on monitoring data[J]. Engineering Structure ,2013,52:26-37.

[63] Jiang S F, Fu C, Wu Z Q. Intelligent data-fusion model using correlation fractal dimension for structural damage identification[J]. Smart Materials and Intelligent Systems, PTS 1 and 2. 2011, 143-144: 1300-1304.

[64] Liu J. The algorithm of power system security detection comprehensive decision based on dempster-shafer theory improved combination rule[J]. Transactions of China Electrotechnical Society, 2011, 26(7):247-255.

[65] Mangat P S, Elgarf M S. Flexural strength of concrete beams with corroding reinforcement[J]. ACI Structural Journal.1991,96(1):149-158.

[66] Schaff J R , Davidson B D. Life prediction methodology for composite structures. Part 1—constant amplitude and two—stress level fatigue[J]. Journal of Composite Materials, 1997,31(2):128-157.

[67] Thompson P D. PONTIS: the maturing of bridge management systems

in the USA[C]//Proceeding of the Second International conference on Bridge Management, Thomas Telford, London. 1993: 971−978.

[68] Wenzel H. Health monitoring of bridges[M]. New York: John Wiley & Sons, 2008.

[69] Wong K Y. Design of a structural health monitoring system for long−span bridges[J]. Structure and Infrastructure Engineering, 2007, 3(2): 169−185.

[70] Wu D, Yuan C, Kumfer W, et al. A life−cycle optimization model us−ing semi−markov process for highway bridge maintenance[J]. Applied Mathemati−cal Modelling, 2016, 43:45−60.

[71] Xie H B, Wu W J, Wang Y F. Life−time reliability based optimization of bridge maintenance strategy considering LCA and LCC[J]. Journal of Cleaner Production, 2018, 176:36−45.

[72] Yu A L, Yang W W, Dai J Q. Large−scale structural health monitor−ing based on wireless sensor networks[J]. Applied Mechanics & Materials, 2014, 644−650(12):1317−1323.